자녀를 행복한 성공으로 이끄는
엄마의 기도

자녀를 행복한 성공으로 이끄는
◀ 엄마의 기도 ▶

용혜원 지음

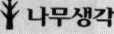

어머니의 기도

자녀를 품안에 안고
기도하는 어머니의 기도는
자녀의 마음에 사랑을 남긴다

자녀가 자라날 때마다 안아주며
기도하는 어머니의 기도는
자녀의 삶에
길과 진리와 생명으로 가는 길을
가르쳐주고 가슴에 새겨준다

자녀가 성장한 후 가까이서 멀리서
기도하는 어머니의 기도는
자녀의 영혼에 예수 그리스도의
구원의 말씀과 사랑을 지울 수 없도록
깊은 흔적으로 남긴다

어머니의 기도는
가장 아름다운 언어 중 하나이며
이 세상에서 가장 깊은
사랑의 표현이다

- 용혜원 -

책머리에

자녀를 위하여 날마다 기도를 드립시다

우리는 자녀를 위하여 기도해 주고 기도를 가르쳐주어야 합니다. 성경은 이렇게 말하고 있습니다. "마땅히 행할 길을 아이에게 가르치라. 그리하면 늙어도 그것을 떠나지 아니하리라(잠언 22:6)."

위대한 일을 하는 사람들은 기도하는 사람들입니다. "기도하는 자녀는 망하지 않는다" "기도의 유산을 물려주자"는 말을 많이 들었을 것입니다. 우리는 자녀를 위하여 날마다 기도의 유산을 쌓아가야 합니다. 《성경》에서도 기도로 얻고 기도로 키운 자녀는 사무엘같이 하나님 앞에 바르게 서고, 기도하는 사람은 다니엘과 같은 능력의 하나님 사람이 된다고 했습니다. 성인들의 간증을 통해서도 그들의 삶이 부모와 주변 사람들의 기도로 인하여 하나님께 온전히 쓰임 받았음을 알 수 있습니다.

자녀에게는 말보다 행동으로 실천하여 보여주는 삶이 중요합니다. 부모가 자녀들을 위하여 날마다 기도해 줄 수 있다면 이보다 놀라운 가르침과 축복이 어디 있겠습니까? 그리하면 자녀는 부모를 닮게 되어 있습니다.

자녀들에게 하나님의 말씀을 듣게 해야 합니다. 스스로 기도하게 해야 합니다. 우리는 요한복음 1장 12절의 말씀처럼 예수 그리스도를 영접한 하나님의 자녀답게 주님의 기도하시던 삶을 닮아가는 것입니다. 주님의 이름으로 우리가 기도할 수 있음이 얼마나 놀라운 은혜와 사랑입니까.

우리 주님 예수 그리스도의 이름으로 자녀를 위하여 기도해 주고 기도 생활의 모범을 보여준다면 그들의 성격과 꿈, 비전과 소망, 대인관계와 믿음이 놀랍게 달라질 것입니다. 그리고 삶에 자신감을 갖게 될 것입니다. 주님과 언제나 함께하고 있다는 것을 부모의 기도를 통해 느낄 수 있게 될 것입니다.

  자녀가 성장하는 데는 교육도 지식도 건강과 환경도 중요합니다. 그러나 가장 중요한 것은 믿음 있는 삶과 영적 생활입니다. 이 모든 것은 기도와 말씀으로 이루어질 수 있습니다. 자녀가 어려서부터 가정에서 부모와 함께 말씀을 읽고 기도한다면 믿음이 반석 위에 세워질 것입니다. 우리 아이들에게 가장 중요한 것은 영혼입니다. 기도는 영혼을 새롭게 해주고 성령의 인도하심을 받게 합니다.

  갈수록 가족 간의 대화가 줄어든다고 합니다. 그러나 주 안에서 기도와 말씀으로 양육하고, 주님 안에서 사랑의 띠로 하나가 된다면 부모와 자녀가 늘 주님의 사랑을 나누는 복된 가정이 될 것입니다. 주 안의 복된 가정은 기도드리는 가정입니다. 사랑과 축복을 받아 날마다 영혼이 새롭게 되는 가정입니다. 기도는 우리와 우리 자녀들의 삶의 기초가 되기 때문입니다.

자녀를 위하여 날마다 기도를 드립시다. 하나님의 인도하심을 받기 위하여 날마다 기도해 주어야 합니다. 그리고 우리 아이들에게 기도의 문을 활짝 열어주어야 합니다. 우리의 자녀들이 주님의 임재하심 가운데 살도록 도와주어야 합니다. 우리 자녀들이 기도로 세계를 가슴에 품어야 합니다. 하나님께 온전히 쓰임을 받아야 합니다.

주님의 이름으로 자녀들을 위하여 기도하는 가정에 하나님의 은총과 사랑이 늘 충만하기를 기도합니다.

용혜원

차례

책머리에 • 6

1장 하나님이 세워주시는 사람이 되게 하소서 • 13
  – 우리 자녀가 사명을 받기 원할 때 드리는 엄마의 기도

2장 강하고 담대한 믿음으로 성장하게 하소서 • 61
  – 우리 자녀가 바른 신앙을 갖기 원할 때 드리는 엄마의 기도

3장 꿈과 비전을 현실로 만들어가게 하소서 • 105
  – 우리 자녀가 곧고 바르게 성장하기 원할 때 드리는 엄마의 기도

4장 언제나 도우시는 하나님만을 바라보게 하소서 • 173
  – 우리 자녀가 고난과 역경에 처했을 때 드리는 엄마의 기도

5장 성령 충만으로 열매 맺는 삶을 주소서 • 215
  – 우리 자녀가 최선의 결과를 맺기 원할 때 드리는 엄마의 기도

사무엘이 자라매 여호와께서 그와 함께하셔서
그 말로 하나도 땅에 떨어지지 않게 하시니
단에서부터 브엘세바까지의 온 이스라엘이
사무엘은 여호와의 선지자로 세우심을 입은 줄을 알았더라

사무엘상 3:19-20

1 하나님이 세워주시는 사람이 되게 하소서

우리 자녀가 사명을 받기 원할 때
드리는 엄마의 기도

주여 이 길로만 걷게 하소서

내 마음에 갈등이 일어나
생각이 여러 가지로 갈라질 때
서둘러 보기에만 좋은 길로
따라가지 말게 하시고
주님의 뜻을 찾아 따르게 하소서

주님을 떠나면
어느 곳에도 사랑과 자유는 없습니다
주님을 떠나면
그 어느 곳에서도
평안과 기쁨은 없습니다

머물 수도 없고
머물러 있을 수도 없는 이 땅에서
손에 잔뜩 쥐려고만 하고
가슴에 품으려만 하는
욕심과 욕망을 따라
발버둥치며 살지 않게 하소서

주님께서 십자가의 보혈로
사랑으로 인도하시는 새로운 길
생명의 길 이 길로만
주여 이 길로만 걷게 하소서

- 용혜원 -

요셉과 같이 꿈을 현실로 바꾸는 인물이 되게 하소서

여호와께서 요셉과 함께 하심이라 여호와께서 그의 범사에 형통케 하셨더라 창세기 39:23

꿈을 주시고 그 꿈을 이루어주시는 하나님!
꿈의 사람 요셉처럼 우리 자녀에게 꿈을 주시고
꿈을 이루어갈 수 있는 믿음과 용기를 주옵소서.
마음에 꿈을 가득 품고 살아가게 하시고
믿음으로 삶의 밭을 잘 개간하게 하옵소서.
잡초와 같은 죄악과 염려와 근심은 말끔히 뽑아내고
자신감을 갖고 살아가게 하옵소서.
요셉과 같이 모든 시련과 유혹을 이겨내게 하시고
사랑의 마음으로 모든 것을 감싸줄 수 있는
용기와 넓은 아량을 주옵소서.
눈앞에 보이는 현실만 바라보지 말게 하시고
시련의 담과 벽을 넘고 무너뜨려

내일을 향하여 달려가게 하옵소서.
꿈을 마음에 그리게 하시고 그 그림대로
이루어지는 것을 눈으로 보게 하옵소서.
우리 자녀들이 꿈을 현실로 바꾸는
하나님의 자녀가 되기를 원하며
우리 주 예수 그리스도의 이름으로 기도합니다.
아멘!

왕이든 백성이든 자기 가정에서 평화를 발견하는 사람이 가장 행복한 사람이다.
괴테

다윗과 같이 하나님의 마음에 합한 사람이 되게 하소서

다윗을 왕으로 세우시고 증거하여 가라사대 내가 이새의 아들 다윗을 만나니 내 마음에 합한 사람이라 내 뜻을 다 이루게 하리라 하시더니 **사도행전 13:22**

모든 지도자를 세우시는 하나님!
다윗 왕을 이스라엘 왕의 표본으로 삼으시고
하나님의 마음에 합한 자라 하셨습니다.
우리 자녀들도 하나님 마음에 합한
믿음의 삶을 살아가게 하소서.
다윗과 같이 기도를 통하여 하나님의 뜻을 묻고
하나님의 부르심에 순종하며 살게 하소서.
죄악을 지었을 때 철저히 회개하고
죄를 멀리할 수 있는 믿음을 주소서.
잘못된 것은 믿음으로 바로잡게 하여 주시고
약속은 언제나 지켜 나가게 하소서.
사람들 보기에만 좋은 삶이 아니라

하나님 앞에 바른 삶을 살게 하옵소서.
다윗이 골리앗을 이겨낸 것처럼
아무리 거대한 상대라도 하나님의 자녀답게
하나님의 이름으로 승리하게 하소서.
다윗과 요나단 같은 친구의 우정을 주사
서로 신뢰하며 믿음의 삶을 함께 살아가게 하소서.
사사로운 감정을 절제하게 하시고
언제나 하나님이 원하시는 삶의 방향으로
나아가게 하소서.
우리 주 예수 그리스도의 이름으로 기도합니다.
아멘!

일이 즐거우면 인생은 낙원이다. 일이 의무에 불과하면 인생은 지옥이다. 막심 고리키

에녹과 같이
하나님과 동행하는 삶을 살게 하소서

에녹은 육십오 세에 므두셀라를 낳았고 므두셀라를 낳은 후 삼백 년을 하나님과 동행하며 자녀를 낳았으며 그가 삼백육십오 세를 향수하였더라 에녹이 하나님과 동행하더니 하나님이 그를 데려가시므로 세상에 있지 아니하였더라 **창세기 5:21-24**

우리와 항상 함께하시는 하나님!
우리 자녀에게 하나님과 동행하며 살아가는
믿음을 주시기 원합니다.
하나님과 동행하며 살아가는 삶은
놀라운 축복이며 은혜임을 고백합니다.
자녀들이 어려서부터
누구와 어떻게 동행하는 삶을 살아가는가에 따라
일생이 달라지오니 인도하여 주소서.
막연한 기대 속에 이루어가는 일방적인 동행이 아니라
말씀 속에서 동행하시는 섭리를 깨닫게 하시고
온전하게 인도하심을 받게 하소서.
하나님 말씀에 순복하게 하시고

하나님의 뜻에 항상 순종하게 하소서.
어디로 어떻게 인도하시든지
동행하는 믿음을 갖게 하소서.
하나님께서 펼쳐주실 놀라운
미래에 기대를 갖게 하소서.
하나님과 동행하므로 날마다 기쁨 속에
사랑을 나누며 살게 하옵소서.
우리 주 예수 그리스도의 이름으로 기도합니다.
아멘!

기회가 두 번 다시 자네의 문을 노크한다고 생각하지 말라. 샹포르

야베스의 기도를 본받아
응답받는 삶을 살게 하소서

> 야베스가 이스라엘 하나님께 아뢰어 가로되 원컨대 주께서 내게 복에 복을 더하사 나의 지경을 넓히시고 주의 손으로 나를 도우사 나로 환난을 벗어나 근심이 없게 하옵소서 하였더니 하나님이 그 구하는 것을 허락하셨더라 역대상 4:10

우리들의 기도를 응답하시는 하나님!
기도는 영적인 호흡이며 생명줄이오니
우리 자녀들이 믿음으로 드리는 기도를 응답하여 주소서.
진실한 기도를 드리므로
하나님의 놀라운 은혜와 능력을 체험하게 하소서.
하나님께서 들으시는 기도를 함으로써 야베스처럼
응답을 받아 하나님이 주시는 복을 누리게 하소서.
능력 있는 기도를 배우게 하시며
확신을 갖고 기도하게 하소서
복에 복을 더하는 기도, 믿음의 지경을 넓히는 기도,
환난과 근심에서 벗어나는 기도를 드림으로
응답을 받아 삶에 활력이 넘치게 하소서.

권능의 하나님께서 우리 자녀들의 기도를 들어주시고
응답하여 주시기를 원합니다.
우리 자녀가 바쁜 일상 속에서
기도 시간을 줄여가는 삶이 아니라
기도 시간을 늘려가는 삶을 살아가게 하소서.
하나님께 간절히 기도함으로 새로운 변화를 일으켜
삶 속에서 하나님의 기적을 체험하게 하소서.
우리 주 예수 그리스도의 이름으로 기도합니다.
아멘!

어떤 새든 자기의 둥지를 가장 좋아한다. 고트그레이브

여호수아의 믿음처럼
강하고 담대하게 하소서

> 너의 평생에 너를 능히 당할 자 없으리니 내가 모세와 함께 있던 것같이 너와 함께 있을 것임이라 내가 너를 떠나지 아니하며 버리지 아니하리니 마음을 강하게 하라 담대히 하라 너는 이 백성으로 … 맹세하여 주리라 한 땅을 얻게 하리라 여호수아 1:5-6

강한 능력으로 우리와 함께하시는 하나님!
이스라엘 민족을 애굽 땅에서 구출한 모세의 뒤를 이어
이스라엘 백성을 가나안 땅으로
인도하신 하나님의 능력을 믿습니다.
하나님께서 우리 자녀와 함께하여 주소서.
자녀들의 삶 속에서 항상 인도하여 주시기를 원합니다.
이 세상의 어떠한 강한 힘도
하나님의 능력에 비할 수 없사오니
오직 하나님의 능력으로 붙잡아 주소서.
하나님의 능력의 손과 힘 있는 팔로
강하고 담대하게 하소서.
여호수아가 하나님의 능력을 믿고

하나님의 백성을 인도했던 것처럼
우리 자녀도 쓰임을 받게 하소서.
맡은 일에 최선을 다하게 하시고
하나님이 허락하신 것들을 이루어가게 하소서.
하나님의 권능으로 자녀들이
평생토록 순종하며 인도하심을 받게 하소서.
우리 주 예수 그리스도의 이름으로 기도합니다.
아멘!

힘은 샘물과 같이 안으로부터 솟아나는 것이다. 힘만을 구한다면 사람은 점점 약해질 뿐이다. 그러므로 강하게 되려면 무엇보다도 생각을 올바르게 가져야 한다. 랠프 W. 에머슨

느헤미야처럼
하나님의 은혜 속에 살게 하소서

내 하나님이여 내가 이 백성을 위하여 행한 모든 일을 생각하시고 내게
은혜를 베푸시옵소서 느헤미야 5:19

우리들 삶의 작은 부분까지 세밀하게 인도하시는 하나님!
느헤미야가 가장 어려운 순간에도 기도하여
하나님의 인도하심을 받은 것처럼
우리 자녀들도 하나님의 인도하심을 원합니다.
하나님의 사람 느헤미야처럼 욕심을 버리고
나라의 독립을 끝까지 지켰던 지조 있는
신앙의 모습을 본받기 원합니다.
세상의 모든 권세와 직분은
하나님께서 허락하지 않으시면 가질 수 없음을 압니다.
우리 자녀들이 잘 성장하여 어느 자리에 있든지
하나님과의 약속을 잘 지켜 나가게 하소서.
믿음의 사람답게 지조를 저버리지 않게 하소서.

느헤미야에게 놀라운 지도력을 주사
맡겨진 사명에 최선을 다하게 하심처럼
우리 자녀들도 나라와 민족의 문제를 위하여 기도하며
나라와 민족을 위하여 헌신하며 살게 하소서.
위대한 신앙이 위대한 인물을 낳게 하오니
항상 주님을 본받아 주님을 닮아가는
삶을 살아가게 하소서.
우리 주 예수 그리스도의 이름으로 기도합니다.
아멘!

가정을 꾸미는 것은 남자의 일이지만 가정의 내부를 사람의 형태에 따라서 배치하는 일이나 이것을 유지하는 것은 여자의 일이다. 알랭

복된 여성 마리아의 신앙을
본받게 하소서

마리아가 가로되 주의 계집종이오니 말씀대로 내게 이루어지이다
누가복음 1:38

우리들의 마음을 아시고 사랑으로 인도하시는 주님!
은혜 받은 여성 마리아는 지상의 여인 중에
가장 큰 은혜를 받은 복된 여성임을 믿습니다.
우리 아이들도 마리아의 신앙을 본받게 하소서.
하나님께서 구원을 이루어주시고자
아름답고 경건하고 순결한 마리아를 택하신 것처럼
우리 자녀들도 순결함으로 쓰임 받게 하소서.
마리아가 하나님의 뜻에 순종하며
주님의 말씀을 마음에 담았던 것처럼
우리 아이들도 하나님의 뜻에 순종하게 하시고
주님의 뜻을 마음에 담고 살게 하옵소서.
우리 아이들의 믿음이

머리 속에서만 이루어지는 것이 아니라
마음 가운데 주님의 사랑을 담고 자라게 하소서.
마리아가 주님의 사역이
말씀대로 이루어지기를 원한 것처럼
우리 아이들도 하나님의 뜻이
말씀 그대로 이루어지기를 기도하며
기도의 응답을 보며 살게 하옵소서.
우리 주 예수 그리스도의 이름으로 기도합니다.
아멘!

사람은 자기가 원하는 것을 찾아 세상을 돌아다닌다. 그리고 가정으로 돌아왔을 때 비로소 그것을 발견한다. 조지 무어

베드로처럼
택함을 받아 쓰임 받게 하소서

베드로가 가로되 내 발을 절대로 씻기지 못하시리이다 예수께서 대답하시되 내가 너를 씻기지 아니하면 네가 나와 상관이 없느니라 시몬 베드로가 가로되 주여 내 발뿐 아니라 손과 머리도 씻겨주옵소서 요한복음 13:8-9

수많은 사람들 중에 주님의 사역자로 부르신 주님!
오늘 이 시대에도 하나님의 뜻을 이루고자
주님의 자녀들을 불러주시고 사명을 주시니
우리 아이들도 베드로처럼 택함을 받아 쓰임 받게 하소서.
베드로가 믿음으로 주님을 구주로 고백한 것처럼
우리 아이들도 주님을 구주로 고백하게 하소서.
베드로가 죄를 지었을 때 통곡하며 회개한 것처럼
믿음으로 회개하여 구원받기를 원합니다.
우리 아이들 부족하고 연약하오니
주님께서 채워주시고 치유하옵소서.
오순절날 베드로가 성령을 충만히 받아
목숨이 다할 때까지 주님의 일을 한 것처럼

우리 아이들에게 믿음과 사랑을 쏟아주셔서
주님의 사역자로 쓰임을 받게 하소서.
갈릴리 바다의 어부가 주님의 사역자가 된 것처럼
주님께서 불러주시기를 원합니다.
우리 아이들에게 사명을 주시고 함께하셔서
주님의 뜻대로 살게 하옵소서.
우리 주 예수 그리스도의 이름으로 기도합니다.
아멘!

아름다운 웃음은 가정의 태양이다. 윌리엄 사커레이

사무엘처럼 하나님이 세워주시는 사람이 되게 하소서

사무엘이 자라매 여호와께서 그와 함께하셔서 그 말로 하나도 땅에 떨어지지 않게 하시니 단에서부터 브엘세바까지의 온 이스라엘이 사무엘은 여호와의 선지자로 세우심을 입은 줄을 알았더라 **사무엘상 3:19-20**

천하보다 귀한 생명을 은혜 중에 허락하시는 하나님!
어머니 한나의 기도로 태어나
위대한 선지자 사명을 감당했던
믿음의 사람 사무엘과 같은 믿음을
우리 자녀들에게도 충만하게 주시기를 원합니다.
오직 하나님만을 섬기려는
신앙의 자세를 가지고 살았던 사무엘처럼
우리 자녀들도 사명을 받게 하시고
믿음의 주요 온전케 하시는
주님만을 바라보며 살게 하소서.
하나님의 뜻에 합당한 순종의 삶을 살기 원했던
사무엘의 신앙을 본받게 하시고

그리스도인으로서 구별된 성도의 삶을 살게 하소서.
하나님의 일이라면 언제나 순종하게 하시고
정직하고 겸손하게 하셔서
하나님의 응답을 받으며 살게 하소서.
항상 흘러 넘치는 사랑으로 우리에게 베풀어주시는
하나님의 사랑을 깨달아 온 마음과 온 정성으로
하나님을 섬기며 살게 하소서.
우리 주 예수 그리스도의 이름으로 기도합니다.
아멘!

친구는 나의 기쁨을 두 배로 만들고 슬픔은 절반으로 줄여준다. 키케로

바울과 같이 십자가를 자랑하는 믿음을 갖게 하소서

내가 부득불 자랑할진대 나의 약한 것을 자랑하리라 고린도후서 11:30

우리가 철저한 신앙을 갖기 원하시는 주님!
세상의 모든 것들을 분토와 같이 여기고
오직 십자가만을 자랑하기 원했던 사도 바울처럼
우리 자녀들도 지나간 과거에 매이지 않고
오직 주님의 말씀과 십자가의 신앙으로
영적인 무장을 하기 원합니다.
사도 바울의 회심처럼
우리 자녀들도 온전한 회심을 통하여
복음을 전하다가 감옥에 갇히고 순교하더라도
기쁨으로 전할 은혜를 주소서.
주님이 원하시는 일이라면 어떠한 형편과 처지에도
행할 수 있는 믿음을 주시기 원합니다.

바울의 철저하고 투철한 신앙을 본받게 하시고
주님의 흔적을 갖기 원하며
자신이 죄인임을 고백하는 용기를 배우게 하소서.
세상의 불의와 타협함이 없이
오직 예수 그리스도만 전하는 삶을 살게 하소서.
우리 주 예수 그리스도의 이름으로 기도합니다.
아멘!

우정은 사랑받는 것보다 사랑하는 것에 있다. 아리스토텔레스

모세에게 주신 믿음을 주소서

이 사람 모세는 온유함이 지면의 모든 사람보다 승하더라 민수기 12:3

민족을 사랑하시고 구원하시는 주님!
모세를 민족의 지도자로 성장시키기 위하여
갖은 고난과 역경 속에서 훈련시키고 부르신 하나님!
우리 아이들도 불러주셔서
하나님께 순종하고 기도함으로
승리하는 삶을 살게 하소서.
모세가 어려서부터
어머니 요게벳의 교육을 바르게 받은 것처럼
우리 아이들도 부모 된 우리에게서
바른 가정의 교육을 받게 하시고
부모 된 우리도 바른 삶 바른 신앙으로
삶의 모범을 보이게 하소서.

하나님께서 모세를
애굽에서 40년 광야에서 40년
훈련을 시키고 함께하심은
민족을 인도할 수 있는 강한 믿음과 지도력을 지닌
지도자로 만들기 위함임을 믿습니다.
우리 자녀들도 하나님의 부름에 따르게 하시고
모든 시련과 고통을 이겨내는 훈련을 받아
나라와 민족을 위하여 살게 하소서.
우리 주 예수 그리스도의 이름으로 기도합니다.
아멘!

마음의 아름다움을 잃어버린 육체의 아름다움은 동물의 장식에 지나지 않는다.
디모크리토스

에스더의 마음을 본받게 하소서

당신은 가서 수산에 있는 유다인을 다 모으고 나를 위하여 금식하되 밤낮 삼일을 먹지도 말고 마시지도 마소서 나도 나의 시녀로 더불어 이렇게 금식한 후에 규례를 어기고 왕에게 나아가리니 죽으면 죽으리이다
에스더 4:16

모든 나라와 모든 민족이 다 구원받기를 원하시는 하나님!
우리를 불꽃 같은 눈으로 감찰하사
인도하시고 보호하시니 감사드립니다.
자기의 목숨보다 민족을 더 사랑하여
민족의 시련을 기도와 지혜로 극복하며
순교적 신앙으로 민족을 구원한
에스더의 믿음과 사랑을 우리 자녀들도 본받게 하소서.
포로로 잡혀간 어려운 때에도 굴하지 않고
모든 고통과 어려움을 이겨냈던 믿음을 본받게 하소서.
에스더가 왕비가 되어서도
혼자만의 행복을 누리지 않고
오직 기도와 믿음으로 민족을 구한 것처럼

우리 자녀들의 믿음도 변치 않게 하소서.
에스더의 아름다운 외모와 착한 성품으로
모든 사람들에게 사랑을 받은 것처럼
우리 자녀들도 아름답게 성장하여
착하고 선한 일에 동참하며 살게 하소서.
우리 주 예수 그리스도의 이름으로 기도합니다.
아멘!

믿음, 소망, 사랑 이 세 가지는 영원히 남습니다. 그 중에서도 가장 위대한 것은 사랑입니다. 바울

바나바처럼 착한 성품으로 살게 하소서

바나바는 착한 사람이요 성령과 믿음이 충만한 자라 이에 큰 무리가 주께 더하더라 사도행전 11:24

사랑이 풍성하신 주님!
우리에게 착한 일을 시작하사
그리스도의 날에 완성시키신 것을 감사드립니다.
바나바의 성품이 착하고 성령과 믿음이 충만한 것처럼
우리 자녀들도 착한 성품과 충만한 성령으로
믿음이 충만한 삶을 살게 하소서.
선한 목자이신 주님께서 선한 마음을 주셔서
자녀들의 삶이 정직하고 진실하고 솔직한
참된 그리스도인의 삶을 살게 하소서.
주님께서 원하시는 일을 행하게 하여 주시고
세상이 악하고 죄악이 가득할지라도
물들지 않고 오직 선함으로 구별된 삶을 살게 하소서.

주님께서 잃어버린 양을 찾아내셔서
사랑으로 구원하여 주신 것처럼
주님의 삶을 본받게 하옵소서.
우리 자녀들이 선한 마음으로 사람들에게
사랑을 나누며 살게 되기를 원합니다.
주님께서 우리 자녀들의 마음을 지켜주옵소서.
우리 주 예수 그리스도의 이름으로 기도합니다.
아멘!

천재를 만드는 것은 1퍼센트의 영감과 99퍼센트의 땀이다. 에디슨

빌립처럼 성령과 지혜가 충만한 삶을 살게 하소서

형제들아 너희 가운데서 성령과 지혜가 충만하여 칭찬 듣는 사람 일곱을 택하라 우리가 이 일을 저희에게 맡기고 우리는 기도하는 것과 말씀 전하는 것을 전무하리라 하니 사도행전 6:3-4

주님의 말씀대로 살기를 원하시는 주님!
오순절날에 초대 교회 성도들이
성령의 충만함을 받은 것처럼
성령과 지혜가 충만하고 칭찬을 받아
일곱 집사로 택함을 받은 것처럼
우리 자녀들도 주님께 택함을 받아
주님 뜻대로 사용되기를 원합니다.
온 땅에 복음이 가득하고
주님의 사랑이 가득하기를 원합니다.
주님께서 모든 사람들이
하나님께 온전한 예배를 드리기를 원하시니
우리 자녀들도 주님의 말씀을 전하는 삶을 살게 하시고

하나님께 영광과 찬양을 돌리기 원합니다.
주님께서 우리 자녀들을 사랑하여 주시고
인도하여 주셔서 맡겨진 일에 최선을 다하게 하시고
맡겨진 사명에 책임을 다하게 하옵소서.
부족할 때마다 주님께 의뢰하여서
충만한 은혜와 진리로 함께하심을 경험하기 원합니다.
신실하신 주님의 손길이
우리 자녀들의 삶을 인도하심을 믿고
우리 주 예수 그리스도의 이름으로 기도합니다.
아멘!

그대를 괴롭히는 사람이 단 한 명도 없다면 그것은 운명이 그대의 일을 잊어버린 증거다. 영국 격언

고넬료의 경건한 신앙을 본받게 하소서

그가 경건하여 온 집으로 더불어 하나님을 경외하며 백성을 많이 구제하고 하나님께 항상 기도하더니 사도행전 10:2

우리에게 한없는 사랑을 베풀어주시는 하나님!
우리의 삶이 강건하기를 원하셔서
날마다 은혜를 베푸시고
함께하심을 믿고 감사드립니다.
우리 자녀들이 고넬료의 경건한 신앙을 본받아
온 집으로 더불어 하나님을 경외하며
백성을 구제하고 기도하는 삶을 살게 하소서.
믿음의 사람 고넬료가 기도하여 응답받은 것처럼
우리 자녀들도 기도하는 삶, 응답받는 삶을 살기 원합니다.
고넬료가 온 집으로 하나님을 경외한 것처럼
우리와 우리 자녀들도 하나님을 경외하게 하소서.
고넬료가 많은 백성을 구제한 것처럼

우리와 우리 자녀들도 구제하며 살게 하소서.
고넬료가 하나님을 사랑하고 사람들을 사랑한 것처럼
우리와 우리 자녀들도 하나님과 사람들을 사랑하게 하소서.
고넬료가 경건한 생활로 하나님께 영광을 돌린 것처럼
우리와 우리 자녀들도 경건한 생활로 영광을 돌리게 하소서.
고넬료가 하나님의 명령에 순종하며 살았던 것처럼
우리와 우리 자녀들도 하나님의 뜻에 합당하게 하소서.
오직 예수님만 섬기는 절대 신앙을 갖게 하소서.
우리 주 예수 그리스도의 이름으로 기도합니다.
아멘!

인간의 가치는 그 사람이 가지고 있는 진리에 의해 측정할 수 없으며, 그 진리의 파악을 위해 그 사람이 기울인 노력과 고통에 의해 측정된다. 레싱

에스라처럼 하나님의 말씀에 익숙하게 하소서

> 이 에스라가 바벨론에서 올라왔으니 저는 이스라엘 하나님 여호와께서 주신 바 모세의 율법에 익숙한 학사로서 그 하나님 여호와의 도우심을 입으므로 왕에게 구하는 것은 다 받는 자더니 에스라 7:6

말씀으로 천지 만물을 창조하시고 운행하시는 하나님!
하나님의 말씀은 생명력이 있고 운동력이 있으니
우리 자녀들도 에스라처럼
하나님 말씀에 익숙하게 하소서.
말씀을 가까이 하는 삶이
하나님을 가까이 하는 삶이오니
하나님의 도우심으로 말씀을 깊이 깨달아
하나님의 뜻을 이루어가게 하옵소서.
우리를 사랑하시고 인도하시는 주님!
우리 자녀들이 살아 있는
하나님의 말씀을 날마다 묵상하게 하소서.
우리 자녀들이 말씀의 진리를 깨달아

자유함을 누리게 하소서.
말씀 속에서 꿈과 비전을 이루게 하소서.
말씀을 통하여 놀라운 역사를 일으켜
하나님의 영광을 높이 드러내게 하소서.
우리 주 예수 그리스도의 이름으로 기도합니다.
아멘!

인간은 생각하기 위해서 태어났다. 그러므로 사람은 한시도 생각하지 않고는 살 수 없다. 세르반테스

세례 요한처럼
지조 있는 믿음을 갖게 하소서

그는 흥하여야 하겠고 나는 쇠하여야 하리라 하니라 **요한복음 3:30**

길이요 진리요 생명이 되시는 하나님!
주님이 오시는 길을 예비하며
주님은 흥하고 자신은 쇠하여야 한다고
목청껏 외쳤던 하나님의 사람 세례 요한의 지조 있는
믿음의 모습을 말씀으로 보여주심을 감사드립니다.
우리 자녀들도 세례 요한처럼
주님께서 맡겨주신 사명을 잘 감당하여
결코 주님을 부인하지 않는 반석 위의 믿음이 되게 하소서.
어제나 오늘이나 내일이나 언제나 변함없이
우리를 사랑해 주시는 하나님의 사랑을 깨달아
변치 않는 신앙을 갖게 하소서.
우리 자녀들이 세례 요한처럼

철저한 믿음으로 사명을 감당하게 하시고
주님이 원하시는 삶을 살기를 원합니다.
주님께 쓰임 받음을 축복으로 알게 하시고
맡은 자의 구할 것은 충성이라 하셨으니
주님의 귀한 사역에 충성되이 동참하게 하소서.
철저한 회개와 철저한 믿음으로 언제나 변치 않고
주님과 동행하는 삶을 살게 하소서.
우리 주 예수 그리스도의 이름으로 기도합니다.
아멘!

당신이 훌륭한 사람을 만났을 때 그 훌륭한 사람의 덕을 자기 자신도 가지고 있는가 생각해 보라. 그리고 나쁜 사람을 만났을 때는 그 나쁜 사람이 지은 죄가 자신에게도 있지 않는가 생각해 보라. 세르반테스

갈렙처럼
믿음의 눈으로 보게 하소서

> 오직 여분네의 아들 갈렙은 온전히 여호와를 순종하였은즉 그는 그것을 볼 것이요 그가 밟은 땅을 내가 그와 그의 자손에게 주리라 하시고 **신명기 1:36**

우리 눈을 밝히셔서 진리를 보게 하시는 하나님!
우리 자녀들이 믿음의 눈으로
확신을 가지고 바라보게 하소서.
가나안 땅을 정탐한 열두 명 중에
여호수아와 갈렙만이
하나님이 허락하신 땅을 믿음의 눈으로 보고
"저들은 우리의 밥이다"라고 외친 것처럼
우리 자녀들도 세상을 바라보며 외칠 수 있는
성숙되고 바른 믿음을 주시기 원합니다.
갈렙을 하나님의 강한 손으로 붙드신 것처럼
우리 자녀들도 하나님께서 붙드셔서
강하고 담대한 믿음으로 세상을 보게 하소서.

두려움과 걱정을 물리쳐주시고
확신을 가지고 하나님의 섭리를 이루어가게 하옵소서.
우리 자녀들에게 갈렙 같은 믿음을 주시기 원합니다.
우리 자녀들에게 갈렙 같은 확신을 주시기 원합니다.
자녀들의 삶이 하나님의 말씀에 뿌리를 두고
확실한 믿음 속에 세상을 바라보며
주님의 영광을 나타내게 하옵소서.
우리 주 예수 그리스도의 이름으로 기도합니다.
아멘!

하루만 행복하려면 이발을 해라. 일주일 동안 행복하려면 결혼을 해라. 한 달 동안 행복하려면 말을 사라. 한 해를 행복하게 지내려면 새 집을 지어라. 그러나 평생을 행복하게 지내려면 정직하여라. 하늘은 정직한 자를 지킨다. 영국 속담

디모데처럼
사랑받는 믿음의 자녀가 되게 하소서

사랑하는 아들 디모데에게 편지하노니 하나님 아버지와 그리스도 예수 우리 주께로부터 은혜와 긍휼과 평강이 네게 있을지어다 디모데후서 1:2

우리를 사랑하셔서 항상 지키시는 주님!
바울이 디모데를 동역자로 삼아
아름다운 사역을 했던 것을 봅니다.
우리 자녀들도 디모데처럼
주님의 사랑을 받는 자녀가 되게 하소서.
우리 자녀들도 디모데처럼
아름답게 주님의 사역에 동참하게 하소서.
우리 자녀들도 디모데처럼
복음 안에서 공동체를 이루며 살게 하소서.
우리 자녀들도 디모데처럼
맡겨진 사명에 최선을 다하게 하소서.
우리 자녀들도 디모데처럼

주님이 원하시는 삶을 살게 하소서.
우리 자녀들도 디모데의 이름이 성경에 나온 것처럼
하늘나라 생명책에 기록되게 하소서.
우리와 우리 자녀들이 하나님의 사역에 동참하는
기쁨을 누림은 놀라운 은혜와 축복입니다.
날마다 주님을 가까이 하며 믿음을 배워 나가
하나님의 뜻을 따르게 하소서.
우리 주 예수 그리스도의 이름으로 기도합니다.
아멘!

남에게 베푼 이익을 기억하지 말라. 그리고 남에게 입은 은혜를 잊지 말라. 조지 고든 바이런

엘리야처럼
믿음의 기도를 드리게 하소서

> 여호와여 내게 응답하옵소서 내게 응답하옵소서 이 백성으로 주 여호와는 하나님이신 것과 주는 저희의 마음으로 돌이키게 하시는 것을 알게 하옵소서 하매 이에 여호와의 불이 내려서 번제물과 나무와 돌과 흙을 태우고 또 도랑의 물을 핥은지라 열왕기상 18:37-38

이 땅에 하나님의 사람을 세우시고 쓰시는 하나님!
하나님과 동행하다가 승천한 엘리야의
놀라운 신앙을 바라보게 하심을 감사드립니다.
우리 자녀들 역시 고난과 역경 속에서도
오직 하나님만 바라볼 수 있는 믿음을 주소서.
엘리야처럼 극한 상황에서도 절대로 굴하지 않고
기도함으로 사단의 세력을 이겨내게 하시고
오직 예수, 오직 말씀, 오직 기도의 신앙으로
주님을 바라보며 승리하게 하소서.
세상을 살아가노라면 높은 벽과 같고
깊은 웅덩이와 같은 많고 많은
고통과 시련이 도사리고 있으니

언제 어느 곳에서 그러한 일들을 당하더라도
두려움 없이 대처할 수 있는 믿음의 장부가 되게 하소서.
우리 자녀들이 세상의 부귀와 영화만을
탐내지 말게 하소서.
믿는 자에게 복을 주시고 세워주시니
우리 자녀들이 하나님만을 소망하며
날마다 승리하는 삶을 살게 되기 원합니다.
우리 주 예수 그리스도의 이름으로 기도합니다.
아멘!

사람은 타인 속에 자기를 비추는 거울을 가지고 있다. 아르투르 쇼펜하우어

다니엘과 같이 이겨내어
세움 받게 하소서

> 또 그들 위에 총리 셋을 두었으니 다니엘이 그중에 하나이라 이는 방백들로 총리에게 자기의 직무를 보고하게 하여 왕에게 손해가 없게 하려 함이었더라 다니엘 6:2

영원히 선하고 전능하신 하나님!
우리 자녀들이 온갖 시련과 어려움 속에서도
오직 하나님만을 소망하면서 이겨내어
총리가 된 다니엘의 신앙을 본받게 하소서.
우리 자녀들이 기도함으로
승리하는 삶을 살아가기 원합니다.
하나님을 경외함으로
축복된 삶을 살아가게 하소서.
시험을 이겨냄으로
하나님의 인정하심을 받아 세워지게 하소서.
우리 자녀들이 불의와 타협하지 않는 사람이
하나님의 사랑을 받는다는 걸 알게 하소서.

인내하는 사람이
하나님의 응답을 받는다는 걸 알게 하소서.
믿음의 지조가 있는 사람이
승리하는 삶을 살아감을 믿게 하소서.
우리 자녀들이 믿음의 용사 다니엘처럼
의심 없이 전지전능하신 하나님을 바라며
하나님의 손길로 세워지기를 원합니다.
우리 주 예수 그리스도의 이름으로 기도합니다.
아멘!

사람으로 태어났다는 것은 바로 책임을 진다는 것이다. 생텍쥐페리

시험을 이겨내어 축복받은
욥의 신앙을 본받게 하소서

여호와께서 욥의 모년에 복을 주사 처음 복보다 더하게 하시니
욥기 42:12

우리를 사랑하시되 끝까지 사랑하시는 하나님!
우스 땅에 살았던 욥이
하나님 앞에 경건한 신앙의 삶을 살아
하나님이 보시기에 좋았던 것처럼
우리 자녀들도 욥의 신앙을 본받게 하소서.
욥이 이유 없는 고난에 몸부림치면서도
시험을 잘 이겨낸 것처럼
우리 자녀들도 살아가면서 다가오는
모든 고난과 시험을 잘 이겨내게 하소서.
우리 자녀들의 삶이 평생을 두고 무르익어가게 하셔서
풍성한 열매 맺는 삶을 살게 하소서.
의인인 욥의 가정에 엄청난 재난이 다가온 것처럼

삶 속에 뜻하지 않는 고난이 닥쳐오더라도
하나님을 원망하거나 떠나는 삶이 아니라
기도하며 믿음에 굳건히 서서 이겨내게 하소서.
우리 자녀들이 욥처럼 순전하고 거짓이 없는
정결한 삶을 살기 원합니다.
남을 의식하기보다는 하나님의 사랑 안에서
하나님께 늘 예배하는 예배 중심의 삶을 살게 하소서.
우리 주 예수 그리스도의 이름으로 기도합니다.
아멘!

너를 괴롭히는 자들을 사랑하라. 그들이 너의 결점을 알려줄 것이다. 벤저민 프랭클린

이 아이를 위하여 내가 기도하였더니
여호와께서 나의 구하여 기도한 바를 허락하신지라 그러므로
나도 그를 여호와께 드리되 그의 평생을 여호와께 드리나이다 하고
그 아이는 거기서 여호와께 경배하니라

사무엘상 1:27-28

2 강하고 담대한 믿음으로 성장하게 하소서

우리 자녀가 바른 신앙을 갖기 원할 때
드리는 엄마의 기도

나의 눈이 주를 찾게 하소서

나의 눈을 뜨게 하사 주를 찾게 하소서
나의 마음에 주를 모시게 하옵소서

오 주여!
나를 다듬어주옵소서
모나고 거칠고 울퉁불퉁한
나의 마음을 주의 손길로 다듬어주옵소서
두드러지고 삐뚤어진
나의 마음을 새롭게 하여 주옵소서

슬픔이 나를 찾을 때
슬픔 속에 있는 나의 기쁨을 찾게 하소서
기쁨이 나를 찾을 때
기쁨 속에 있는 나의 아픔을 찾게 하소서

나의 삶 속에
주님의 손길로 함께하소서
나의 삶에 허락된 시간들을
후회함 없이 다 쓰게 하소서
나의 삶 속에서
주님만이 나의 구원임을 깨닫게 하소서

- 용혜원 -

평생의 삶을 하나님께 드리게 하소서

이 아이를 위하여 내가 기도하였더니 여호와께서 나의 구하여 기도한 바를 허락하신지라 그러므로 나도 그를 여호와께 드리되 그의 평생을 여호와께 드리나이다 하고 그 아이는 거기서 여호와께 경배하니라 사무엘상 1:27-28

세월을 아끼고 시기를 분별하며 살게 하시는 하나님!
우리 자녀들이 평생을 하나님께 드림으로
헌신된 성도의 삶을 살기 원합니다.
우리 자녀들이 세월을 아끼며 살게 하시고
때와 시기를 잘 분별하여 준비된 삶을 살게 하옵소서.
하나님이 원하는 시기에 일어서게 하시고
우리 자녀들이 주님을 구주로 믿어
예수 그리스도의 삶을 본받아
평생토록 하나님과 동행하기를 원합니다.
성령 충만하게 하셔서 모든 일을
하나님 마음에 합당하게 이루어가게 하시고
형식적인 믿음이 아닌 참믿음으로 살아가게 하소서.

개혁이 필요할 때는 개혁하게 하시고
나눔이 필요할 때는 나누게 하시고
화해가 필요할 때는 화해하게 하시고
사랑이 필요할 때는 사랑하게 하시고
기도와 말씀이 필요할 때는
말씀을 묵상하고 기도하게 하소서.
회개해야 할 때는 회개하게 하시고
오직 하나님의 뜻을 이루기 위하여 쓰임 받게 하소서.
우리 주 예수 그리스도의 이름으로 기도합니다.
아멘!

시간은 잘 이용하는 사람에게 친절하다. 아르투르 쇼펜하우어

예배 중심의 삶을 살게 하소서

이것들을 증거하신 이가 가라사대 내가 진실로 속히 오리라 하시거늘
아멘 주 예수여 오시옵소서 주 예수의 은혜가 모든 자들에게 있을지어
다 아멘 요한계시록 22:20-21

신령과 진정으로 드리는 예배를 받으시는 주님!
우리 자녀들의 신앙이 예배하는 신앙이 되게 하시고
주님의 구원하심에 늘 감사드리며
신령과 진정으로 살아가기를 원합니다.
우리 자녀들의 삶이 예배 중심의 삶이 되게 하소서.
예배는 하나님께 존경과 찬양과 영광을 돌리는 것이오니
하나님께 온전한 경배를 드리게 하소서.
참된 예배를 드리기 위하여
손이 깨끗하고
마음이 청결하며
예배하는 자를 찾으시는 하나님께
온전한 예배를 드리기 원합니다.

예배하지 않는 삶은 하나님을 떠난 삶이니
예배를 받으시기에 합당하신 하나님께
예수 그리스도의 이름으로 즐겨 예배하게 하소서.
우리 자녀들이 드리는 예배가
받으시기에 합당한 예배가 되도록
신령과 진정으로 마음을 모아 드리게 하시고
성령의 감동하심으로 드리게 하시기를 원합니다.
우리 주 예수 그리스도의 이름으로 기도합니다.
아멘!

남을 욕하면 바로 당신을 욕하는 것으로 알라. 헤리오도스

바른 신앙을 고백하게 하소서

시몬 베드로가 대답하여 가로되 주는 그리스도시요 살아 계신 하나님의 아들이시니이다 마태복음 16:16

우리의 소망과 사랑과 믿음이 되시는 주님!
우리 자녀들이 어떠한 형편과 처지에서도
바른 신앙을 고백하는 삶을 살게 하옵소서.
자기에게 불이익이 오고 불리하더라도
주님을 바르게 고백하는 믿음을 주시기 원합니다.
우리 자녀들의 마음 중심에 세상적인 것들이
없어지고 허무한 것들이 없어지게 하소서.
언제나 살아 계셔서 역사하시는
주님께 마음 두기를 원합니다.
우리 자녀들을 주장하셔서
주님 안에 거하게 하시고 영생을 얻어서
주님의 영광을 드러내게 하소서.

주님 십자가의 사랑 안에 거하게 하시고
하늘나라 시민권을 가진 천국시민으로
믿음 안에서 바르고 진실하게 살게 하소서.
우리 자녀들이 주님이 허락하시는 모든 날들과 시간과
달란트와 지혜를 헛되이 사용하지 않게 하소서.
오직 주님을 구주로 고백하며
바른 신앙으로 주님이 원하시는 삶을 살게 하소서.
우리 주 예수 그리스도의 이름으로 기도합니다.
아멘!

청춘의 사전에 실패라는 단어는 없다. E. B. 리턴

어려서부터 성경을 알게 하소서

또 네가 어려서부터 성경을 알았나니 성경은 능히 너로 하여금 그리스도 예수 안에 있는 믿음으로 말미암아 구원에 이르는 지혜가 있게 하느니라 디모데후서 3:15

우리의 영원한 목자, 친절한 목자이신 하나님!
예수 그리스도 안에 있는 믿음으로 말미암아
구원에 이르는 지혜를 얻게 하심을 감사드립니다.
우리 자녀들이 어려서부터
하나님이 주신 믿음과 지혜로 성경을 깨닫게 하소서.
성경의 가르침을 따라 살게 하시며
항상 말씀 속에서 하나님의 음성을 들으며 자라게 하소서.
우리 자녀들의 영의 눈을 여셔서
말씀을 밝히 보게 하옵소서.
우리를 도우시는 하나님을 믿고 의지하며
기도하여 변화받고, 응답받아 열매 맺게 하소서.
말씀이 없어 쓰러지고 넘어지고 좌절하는 사람들에게

살아 계신 하나님의 말씀을 증거하고 전하게 하소서.
말씀을 통해 더욱 하나님을 알아가게 하시고
예수님 안에서 변화된 삶을 살게 하소서.
하나님만이 인도하시고 도와주심을 알게 하소서.
참 좋으신 하나님의 말씀을 믿고 깨달아
온 땅 모든 사람들에게 예수 그리스도를
높이 드러내기 원합니다.
우리 주 예수 그리스도의 이름으로 기도합니다.
아멘!

노동이 있음으로 비로소 안락도 있고 휴식도 있다. 토머스 칼라일

주님의 말씀을 사모하게 하소서

> 그리스도의 말씀이 너희 속에 풍성히 거하여 모든 지혜로 피차 가르치며 권면하고 시와 찬송과 신령한 노래를 부르며 감사하는 마음으로 하나님을 찬양하고 골로새서 3:16

우리의 삶이 말씀의 반석 위에 서 있기를 원하시는 주님!
우리 아이들이 마음을 가꾸어주고 새롭게 하는
주님의 말씀을 사모하게 하소서.
길이요 진리요 생명이 되시는 주님의 말씀을 통하여
우리 아이들이 자유함을 누리기 원합니다.
늘 생활 속에서 말씀을 묵상하여
하나님의 음성을 듣게 하시고
말씀 속에서 인도하심을 받게 하소서.
하나님께서 말씀으로 천지를 창조하시고
말씀의 권세로 다스리시니
말씀을 통하여 날마다 새로움을 경험하기 원합니다.
우리 자녀들이 설교 시간에 말씀을 들을 때나

그룹으로 성경을 공부할 때나
홀로 성경을 읽을 때
언제나 마음판에 새기게 하소서.
어려움이 닥쳐 어찌할 바를 모를 때
말씀의 인도하심을 받게 하시고 힘을 얻게 하옵소서.
우리 아이들이 하나님의 말씀을 읽고, 듣고, 전함으로
주 안에서 잘 성장하여 쓰임 받게 하소서.
우리 주 예수 그리스도의 이름으로 기도합니다.
아멘!

어린애를 안고 있는 어머니처럼 보기에 아름다운 것이 없고 여러 아이들에게 에워싸인 어머니처럼 경애를 느끼게 하는 것은 없다. 프리드리히 니체

주일을 지키며
온전히 예배드리게 하소서

> 만일 안식일에 네 발을 금하여 내 성일에 오락을 행치 아니하고 안식일을 일컬어 즐거운 날이라, 여호와의 성일을 존귀한 날이라 하여 이를 존귀히 여기고 네 길로 행치 아니하며 네 오락을 구치 아니하며 사사로운 말을 하지 아니하면 이사야 58:13

우리의 예배를 온전히 받으시기 원하시는 주님!
영혼의 쉼을 주시고 평안을 주시고
기쁨을 주시기 위하여 주일을 주셨으니
우리 아이들이 이 거룩한 날을 온전히 지켜
영광과 찬양을 주님 앞에 돌리기 원합니다.
감사하신 주님!
아이들이 어려서부터 주님의 날을 성수하고
어떤 일보다 항상 먼저 예배드리며
기도하기를 원합니다.
모든 일에 순서가 있으니
이 순서의 첫 번째가
예배를 드리는 일이 되게 하소서.

교회 안에서 성도들을 사랑하며 섬기게 하시고
주님의 일이라면 어떠한 일도 감당하게 하소서.
봉사하고 섬기는 일에 앞장서게 하시고
부모들도 자녀의 삶에 모범이 되게 하소서.
주님의 일에 적극적으로 동참하여
그리스도인의 사명을 감당하게 하소서.
주님이 주시는 기쁨과 평안 속에 예배드리며
복된 성도의 삶을 살게 하소서.
우리 주 예수 그리스도의 이름으로 기도합니다.
아멘!

인간이 뜻을 세우는 데 시기적으로 너무 늦었다는 것은 있을 수 없다. 볼드윈

하나님의 부르심에 합당하게 살게 하소서

> 야곱아 너를 창조하신 여호와께서 이제 말씀하시느니라 이스라엘아 너를 조성하신 자가 이제 말씀하시느니라 너는 두려워 말라 내가 너를 구속하였고 내가 너를 지명하여 불렀나니 너는 내 것이라 이사야 43:1

우리를 지명하여 부르시고 소명을 주시는 하나님!
우리로 하여금 하나님의 뜻에 따라
하나님의 일에 동참하게 하심을 감사드립니다.
우리 자녀들도 지명하여 불러주시고
소명을 주사 쓰임 받게 하소서.
택하시고 부르신 하나님을 위하여
정성을 다하여 헌신하는 삶을 살게 하소서.
건강과 물질과 시간도 아낌없이 드리게 하셔서
평생토록 빛을 발하게 하소서.
하나님께 쓰임을 받는 것만으로도
기뻐하게 하시고 감격하게 하시고 감동하게 하소서.
하나님의 부르심을 확인할 때

삶의 목적과 방향이 달라지오니
우리 자녀들이 하나님의 부름에 응답하게 하시고
부름에 합당한 삶을 살게 하소서.
어떠한 상황 속에서도 산 믿음으로
온전한 신앙을 지켜 나가게 하시고
우리 자녀들이 하나님의 뜻을 발견하고
그 뜻을 이루어가기에 평생을 다 드리게 하소서.
우리 주 예수 그리스도의 이름으로 기도합니다.
아멘!

지나치게 타인의 동정을 요구하면 경멸이라는 경품이 붙어온다. 프리드리히 실러

주님의 일에 온전히 동참하게 하소서

너희가 그리스도 예수 안에서 나의 동역자들인 브리스가와 아굴라에게 문안하라 저희는 내 목숨을 위하여 자기의 목이라도 내어놓았나니 나뿐 아니라 이방인의 모든 교회도 저희에게 감사하느니라 로마서 16:3-4

주님의 사역에 동참함을 기뻐하시는 하나님!
주 안의 지체들이 사랑으로 하나가 되어
주님께서 공동체와 각 개인에게 맡기신 일들을
신뢰와 믿음과 사랑으로 이루어나가게 하소서.
브리스길라와 아굴라처럼 목숨도 아끼지 않고
사도 바울의 사역을 도와준 것처럼
우리 자녀들도 주 안에서
사역자들의 사역에 동참하기를 원합니다.
온 마음과 모든 정성을 다하여
주님의 일을 열심히 하게 하소서.
과일 나무가 열매를 맺어 나무의 역할을 다하듯이
우리 자녀들도 맡겨진 역할을 다하여

열매 맺는 삶을 살게 하옵소서.
주님께서 모든 이들에게 각자의 사명을 주셨으니
맡은 일에 충성을 다하게 하옵소서.
주님께서 우리를 위하여 목숨을 버리신 것처럼
주님께 목숨까지 드리기를 원하는
믿음으로 살게 하소서.
늘 사랑과 은혜로 축복하여 주사
우리 자녀들이 믿음으로 주님의 일을 하게 하소서.
우리 주 예수 그리스도의 이름으로 기도합니다.
아멘!

큰 나무는 많은 바람을 맞는다. 영국 격언

주님을 배워 가르치게 하소서

나는 마음이 온유하고 겸손하니 나의 멍에를 메고 내게 배우라 그러면 너의 마음이 쉼을 얻으리니 이는 내 멍에는 쉽고 내 짐은 가벼움이라 하시니라 마태복음 11:29-30

예배를 받으시기에 합당하신 주님!
모든 민족과 모든 장소를 초월하여 역사하시는
전능하신 주님께서 우리 가족이 드리는
기도에 응답하시니 감사드립니다.
우리 아이들이 주님을 배워
그 모습 그대로 살아가게 하옵소서.
우리의 믿음이 결코 헛되지 않음을 믿사오니
믿음으로 기쁨의 열매를 거두기 원합니다.
주님의 온유와 겸손한 마음을 배우게 하시고
주님의 멍에를 우리도 짊어지게 하셔서
주 안에서 쉼을 얻게 하옵소서.
우리가 하나 되기를 원하시는 주님께

우리와 우리 아이들이 동일한 믿음으로
오늘을 감사하며 내일을 소망하며 살게 하옵소서.
주님 안에서 이루어지는 생활에 감사가 넘치고
주님을 닮아가는 것을 축복으로 믿으며
주님을 배워 전하는 것을 사명으로 여기게 하옵소서.
우리 아이들이 지혜와 슬기로 소망을 갖고
성령 충만하여 주님의 말씀을 전하게 하소서.
우리 주 예수 그리스도의 이름으로 기도합니다.
아멘!

기회는 어디에도 있을 것이다. 낚싯대를 던져놓고 항상 준비태세를 취하라. 없을 것 같이 보이는 곳에 언제나 고기는 있으니까. 오비디우스

예수 그리스도와 함께
복음에 참여한 자가 되게 하소서

> 우리가 시작할 때에 확실한 것을 끝까지 견고히 잡으면 그리스도와 함께 참예한 자가 되리라 히브리서 3:14

처음과 나중이 되시는 주님!
우리의 삶 속에 나태하고 게으른 마음이 없게 하여 주시고
기도함으로 의욕적인 삶을 살 수 있도록
성령께서 인도하옵소서.
우리 아이들이 처음부터 끝까지 주님을 잘 믿고
바르게 성장하기 원합니다.
아이들이 부모에게만 기대거나
남을 이용하지 않게 하시고
믿음의 열정을 갖고 땀 흘리며 성취하게 하소서.
주님을 바라보며 노력하게 하시고
맺히는 결실로 기뻐하는, 체험 있는 삶을 살게 하소서.
세상의 허망한 것들을 좇지 않게 하시고

확실한 것을 견고히 붙잡고 나아가기를 원합니다.
성난 태풍이 지나간 뒤 바다가 고요해지듯이
언제나 역경을 이겨내고 믿음으로 잘 성장하여
주 안에서 벅찬 삶의 감동을 느끼며 살게 하소서.
주님의 인도하심을 원하며
우리 주 예수 그리스도의 이름으로 기도합니다.
아멘!

친구들에게 기대하는 것을 먼저 베풀어야 한다. 아리스토텔레스

선교사님을 위해
기도하는 자녀가 되게 하소서

누구든지 자기 목숨을 구원하고자 하면 잃을 것이요 누구든지 나와 복음을 위하여 자기 목숨을 잃으면 구원하리라 마가복음 8:35

온 나라 온 땅 모든 민족에게 복음이 전파되기를 원하시는 주님!
우리 아이들이 어려서부터
오대양 육대주를 가슴에 품고
각 나라 각 민족뿐만 아니라 오지의 종족에 이르기까지
복음을 전파하는 선교사님들을 위하여 기도하게 하소서.
선교하는 나라와 교회와 그곳 사람들을 위하여
선교사님 가족과 선교사님들을 돕는 이들을 위하여
날마다 기도하게 하소서.
선교 지역에 날마다 성령 충만하여
강한 능력의 역사가 일어나기를 원합니다.
전도에 의해 구원을 받은 우리들 이제는

선교사님을 위하여 중보 기도하기를 원합니다.
복음이 온 땅에 전파되어야 이 땅에 오신다고 하셨던
그날을 사모하며 우리도 선교사님들을 위하여
기도하며 전도에 동참하게 하소서.
물질로써 선교 사역에 동참하기를 원합니다.
복음을 온 세계에 전하는 선교사님들과 같이
우리도 기도와 헌금으로 주님의 사역에 동참하게 하소서.
아울러 살고 있는 지역의 복음 선교사가 되기를 원하며
우리 주 예수 그리스도의 이름으로 기도합니다.
아멘!

씨를 뿌리면 거둬들이게 마련이다. 남을 때리면 당신도 고통을 겪어야 한다. 남을 도우면 도움을 받을 것이다. 랠프 W. 에머슨

전도하는 일에 쓰임 받게 하소서

그러므로 너희는 가서 모든 족속으로 제자를 삼아 아버지와 아들과 성령의 이름으로 세례를 주고 내가 너희에게 분부한 모든 것을 가르쳐 지키게 하라 볼지어다 내가 세상 끝날까지 너희와 항상 함께 있으리라 하시니라 마태복음 28:19-20

세상의 모든 나라와 모든 민족이
구원받기를 원하시는 주님!
주님께서 오늘도 목자가 되시어
잃어버린 양들을 찾으시니 감사드립니다.
우리와 우리 자녀들도 천하보다 귀한 영혼들을
주님께로 인도하는 전도에 힘쓰게 하소서.
말씀과 기도로 항상 준비하게 하시고
태신자를 마음에 품고 기도하게 하소서.
주님께로 한 영혼 한 영혼을
인도하는 축복을 받게 하소서.
우리 자녀들이 믿음 생활에 본이 되어
생활 속에서도 주님을 전하기 원합니다.

전도하기 위하여
기도하게 하소서.
사랑하게 하소서.
섬기게 하소서.
전도를 위하여 인내하며 기다리게 하셔서
돌아온 영혼과 함께 기뻐 찬양하며 예배드리게 하소서.
우리 자녀들이 영적으로 성숙한 삶을 살아
영혼을 더욱더 많이 사랑함으로
전도하는 삶이 습관처럼 자연스럽게 하소서.
우리 주 예수 그리스도의 이름으로 기도합니다.
아멘!

용기 있는 사람은 모든 약속을 지키는 사람이다. 피에르 코르네유

나라와 민족을 위하여 기도하게 하소서

사무엘이 젖 먹는 어린양을 취하여 온전한 번제를 드리고 이스라엘을 위하여 여호와 께 부르짖으매 여호와께서 응답하셨더라 **사무엘상 7:9**

나라와 민족을 사랑하시는 하나님!
우리 자녀들이
나라와 민족을 위하여 기도하게 하소서.
이 나라와 이 민족이
하나님을 경외하며 예배하도록 중보 기도하게 하소서.
이 나라와 이 민족이
지은 모든 죄를 사함 받도록 기도하게 하소서.
이 나라와 이 민족의
지도자가 세워지고
바른 정치가 이루어지기를 기도하게 하소서.
이 나라와 이 민족의
경제 발전과 건전한 문화를 위하여 기도하게 하소서.

이 나라와 이 민족의
민족 간의 평화와 질서를 위하여 기도하게 하소서.
이 나라와 이 민족이
타락과 범죄에서 벗어나도록 기도하게 하소서.
이 나라와 이 민족이
오직 하나님만 바라보는 민족이 되도록 기도하게 하소서.
이 나라와 이 민족의
미래에 대한 소망이 이루어지도록 기도하게 하소서.
우리와 우리 자녀들이 이 모든 것을 기도하기를
우리 주 예수 그리스도의 이름으로 기도합니다.
아멘!

지나친 사랑이 없는 것처럼 지나친 기도란 없다. 빅토르 위고

소득의 열매를 온전히 드리게 하소서

네 재물과 네 소산물의 처음 익은 열매로 여호와를 공경하라 **잠언 3:9**

만물을 창조하시고 주관하시는 하나님!
하나님을 사랑하는 마음이
우리 자녀들의 마음에 가득하게 하소서.
모든 열매와 모든 소득이
하나님의 은혜와 돌보심 속에 이루어지오니
언제나 소득의 첫 열매를
하나님께 온전히 드리게 하소서.
모든 물질은 하나님께 속한 것임을 깨닫고
물질을 탐하여 죄를 범하지 않게 하소서.
우리 자녀들이 욕심 가득하여 자기 것만 채우려는
악한 마음을 갖지 않길 원합니다.
하나님께 드리고 이웃과 나눔으로써

물질의 쓰임을 바로 알게 하사
성장하는 믿음으로 살아가게 하소서.
물질을 탐하는 욕심은 죄악을 싹트게 하고
삶을 무질서하게 만드니 온전한 물질관으로
잘 정돈된 신앙생활을 하게 하소서.
부유할 때나 가난할 때나 어떠한 상황에서도
자족할 수 있는 믿음을 갖게 하옵소서.
언제나 부족함 없이 채워주시는 은혜로 살게 하소서.
우리 주 예수 그리스도의 이름으로 기도합니다.
아멘!

부모님의 은혜를 모른다면 너의 친구가 되어줄 사람은 아무도 없다. 소크라테스

신앙을 유업으로 남기게 하소서

> 아는 네 속에 거짓이 없는 믿음을 생각함이라 이 믿음은 먼저 네 외조모 로이스와 네 어머니 유니게 속에 있더니 네 속에도 있는 줄을 확신하노라 디모데후서 1:5

사랑과 은혜가 충만하신 주님!
부모 된 우리가 자녀들에게 그 어떤 것보다
신앙을 유업으로 남길 수 있기를 원합니다.
어려서부터 아이들을 기도로 키우게 하시고
가정에서나 교회에서나 가족들이 함께
예배하며 찬양드리고 기도하게 하소서.
우리 가족들이 예배의 중요성을 잘 알아서
주님을 바라보며 의지하고
주님을 사모하는 마음을 갖기 원합니다.
자녀들에게 물질이나 지식적인 유산이 아닌
끝없는 하나님의 사랑, 신앙의 유산을 남기게 하소서.
우리 자녀들이 항상

주님께로 향하게 하시고
모든 일들을 믿음으로 행하게 하소서.
우리 자녀들의 삶이
주님께로 집중되기를 원합니다.
믿음으로 말미암아 힘과 용기를 갖고
새로운 도전을 하며 살아가게 하옵소서.
우리 주 예수 그리스도의 이름으로 기도합니다.
아멘!

사람들은 누구나 친구의 품속에서 휴식처를 구하고 있다. 그곳에서라면 우리들의 슬픔을 마음껏 터놓을 수 있기 때문이다. 괴테

의에 주리고 목마르게 하소서

> 여호와여 주는 나의 방패시요 나의 영광이시요 나의 머리를 드시는 자니이다 시편 3:3

생명의 근원이 되시고 사랑이 풍성하신 하나님!
우리의 주리고 목마름을 아시고
불러주셔서 해갈하시니 감사드립니다.
우리 자녀들이 항상 하나님만을 바라보며
모든 것을 믿으며 전적으로 의지하게 하소서.
어려운 일을 만나도 낙망하지 않고
모든 것을 새롭게 회복시키시는
주님만을 의지하게 하소서.
우리 자녀들이 날마다 주시는 은혜에 감사하게 하시고
하나님의 뜻을 준행하며 살아가게 하소서.
하나님께서 보호하심으로
죄로부터 자유함을 얻게 하시고

성령의 인도하심 따라 살게 하소서.
항상 좋은 것으로 예비하시는
하나님을 의지하며 살아가기를 원합니다.
우리 가정과 가족들에게 하나님의 풍성한 축복을 주소서.
또한 하나님의 보호하심 속에 가정을 소중하게 여기며
하나님 안에서 행복한 삶을 살게 하소서.
하나님의 은혜와 사랑에 감사하며 살기를 원합니다.
우리 주 예수 그리스도의 이름으로 기도합니다.
아멘!

너무나 지나치게 숙고하는 사람은 그 일을 성취하지 못한다. 프리드리히 실러

하나님이 주신
기업을 이을 자녀가 되게 하소서

내게 구하라 내가 열방을 유업으로 주리니 네 소유가 땅 끝까지 이르리로다 시편 2:8

마음에 진실함을 주셔서 새롭게 하시는 하나님!
우리 자녀들이 하나님의 마음을 이해하고
그 크신 뜻을 헤아려 알기를 원합니다.
우리에게 다가오는 시련과 고통을 이겨내어
하나님의 말씀에 순종하는 자녀가 되게 하소서.
우리 자녀들이 그 무엇으로도 다 갚을 수 없는
주님의 사랑과 은혜를 사모하며 살기 원합니다.
분주함 속에서도 하나님과 기도로
깊은 영적인 교제를 나누게 하시고
하나님이 주신 기업을 이어갈 자녀가 되게 하소서.
우리 자녀들이 하는 일을 통해서
하나님께 영광을 돌리고

삶 속에서 기쁨을 누리기 원합니다.
부지런하게 하시고 나태함으로
하나님께서 주신 시간을
쓸데없는 어리석은 일에 보내지 않게 하소서.
믿음의 훈련을 함으로써
비전의 사다리를 타고 올라가듯 이루게 하소서.
우리 자녀들이 주님을 점점 더 알아가게 하소서.
우리 주 예수 그리스도의 이름으로 기도합니다.
아멘!

습관은 인간 생활의 최대의 안내자다. 데이비드 흄

주님의 성품을 닮아가게 하소서

이로써 그 보배롭고 지극히 큰 약속을 우리에게 주사 이 약속으로 말미암아 너희로 정욕을 인하여 세상에서 썩어질 것을 피하여 신의 성품에 참예하는 자가 되게 하려 하셨으니 베드로후서 1:4

마음이 온유하고 겸손하신 주님!
우리의 몸과 영혼이 주님을 찬양하며
살아갈 수 있도록 성령께서 함께하심에 감사드립니다.
우리의 생명을 다하여 주님을 찬양하고 경배할 수 있는
믿음에 믿음을 더하여 주시기 원합니다.
우리 자녀들이 주님의 성품을 닮은
삶을 살기 원합니다.
아울러 삶의 현장에서 날마다 주님이 함께하심을
몸소 체험하게 하옵소서.
하나님의 은혜 안에서
축복을 누리며 살아가오니 늘 감사하게 하소서.
성령 충만함으로 또한

감사하는 마음이 충만하기를 원합니다.
우리 자녀들의 삶을 날마다
주님께서 순적하게 인도하여 주소서.
세상의 썩어질 것을 구하지 않고
영원한 생명을 구하며
소원을 만족시켜 주시는 주님을 따르게 하소서.
우리 주 예수 그리스도의 이름으로 기도합니다.
아멘!

사람은 사랑을 이야기하는 것에 의해 사랑하게 된다. 파스칼

하나님과 이웃을 사랑하게 하소서

예수께서 가라사대 네 마음을 다하고 목숨을 다하고 뜻을 다하여 주 너의 하나님을 사랑하라 하셨으니 이것이 크고 첫째 되는 계명이요 둘째는 그와 같으니 네 이웃을 네 몸과 같이 사랑하라 하셨으니 마태복음 22:37-39

기쁠 때나 슬플 때나 언제나 함께하시는 주님!
우리 자녀들에게 하나님을 사랑하고
이웃을 사랑하는 마음을 주시기 원합니다.
하나님을 사랑함으로 기도와 말씀과 찬양 속에
기쁨으로 예배드리게 하소서.
이웃을 사랑함으로 나누고 베풀고 섬기는
삶을 살게 되기 원합니다.
하나님께서 우리를 사랑하신 것처럼
우리와 우리 자녀들도 이웃을 사랑하게 하소서.
우리 자녀들을 사랑하셔서
어두움을 떠나 밝은 곳으로 걷게 하시고
연약함을 감싸줄 수 있는 따뜻한 마음을 주시기 원합니다.

하나님과 이웃을 사랑함으로 힘과 용기가
넘쳐나는 기쁨 속에 살게 하소서.
사랑함으로 날마다 성숙해지는 삶을 살게 하시고
하나님의 말씀이 함께하는 삶을 살게 하소서.
우리 자녀의 허물을 다 덮어주시는 하나님의 사랑을
더욱더 많이 체험하여 주님과 이웃을 사랑하게 하소서.
이웃의 아픔과 상처를
주님께 받은 사랑으로 감싸주게 하소서.
우리 주 예수 그리스도의 이름으로 기도합니다.
아멘!

가난은 수치가 아니다. 그러나 명예라고는 생각하지 말라. 유대 격언

하나님과의 깊은 사귐을 허락하소서

주께 합당히 행하여 범사에 기쁘시게 하고 모든 선한 일에 열매를 맺게 하시며 하나님을 아는 것에 자라게 하시고 **골로새서 1:10**

사랑하는 주님!
우리 자녀에게 하나님을 향한
순수하고 깊은 사랑의 마음을 부어주옵소서.
그리하여 자녀들이 이 세상을 살아가면서
여호와 하나님을 가장 가까운 벗으로,
선생님으로, 보호자로 의지하며 살게 하옵소서.
사랑이 많으신 하나님,
아이들이 자라면서
하나님을 아는 바른 지식도 자라가게 하시고,
하나님을 아는 것이 더욱 깊어져서
하나님의 마음으로 인생을 살아가게 하옵소서.
그리하여 교회는 물론 세상에서도

영성과 실력을 두루 갖춘
기둥과 같은 이들이 되게 하옵소서.
하나님이 창조하실 때 계획하셨던
모든 일들을 넉넉히 감당하게 하옵소서.
주님, 우리 아이들이
하나님과 친밀히 동행하는 삶을 살아
매일 매일이 지성소 안에서의
예배와 같은 기쁨 가운데 행하길 원하며
우리 주 예수 그리스도의 이름으로 기도합니다.
아멘!

다른 사람으로부터 사랑받지 못하는 사람은 다른 사람을 사랑하지 않는다. 라파데르

내가 진실로 진실로 너희에게 이르노니
나를 믿는 자는 나의 하는 일을 저도 할 것이요
또한 이보다 큰 것도 하리니 이는 내가 아버지께로 감이니라

요한복음 14:12

3 꿈과 비전을 현실로 만들어가게 하소서

우리 자녀가 곧고 바르게 성장하기
원할 때 드리는 엄마의 기도

내게 바람이 있다면

내게 바람이 있다면
한 목숨이 다하는 날까지
주님이 원하시는
삶을 살아가는 것입니다

나의 마음 전부에 주님의 말씀을
나의 마음 전부에 주님의 사랑을
가득가득 넘치도록 담고자 합니다

모든 일 속에서
주님의 뜻을 이루소서

내게 바람이 있다면
내 삶의 모습을 바라보시는
주님이 환하게 웃으시도록
살아가는 것입니다

나의 마음 전부에 주님의 은혜를
나의 마음 전부에 주님의 평안을
가득가득 넘치도록 담고자 합니다
가득가득 넘치도록 담고자 합니다

모든 일 속에서
주님의 뜻을 이루소서

- 용혜원 -

하나님 안에서
성장하게 하소서

오직 나와 내 집은 여호와를 섬기겠노라 여호수아 24:15

생명의 근원이 되셔서 우리를 구원하신 하나님!
오직 하나님을 섬길 분으로 택하여
하나님 안에서 잘 성장하게 하옵소서.
이기적인 습관과 헛된 꿈을 던져버리고
주님의 마음을 닮아가기 원합니다.
예수님과 같이 크신 마음을 닮아가게 하옵소서.
주님이 인도하심으로 크게 쓰임 받게 하소서.
지혜와 통찰력을 주셔서 항상 하나님의 나라와
그의 의를 구하며 살기를 원합니다.
어떤 어려움 속에서도 기쁨을 회복하게 하소서.
우리 자녀들이 꿈과 비전을 향해 나아가는 길에서
어떤 어려움을 만날지라도 최선을 다할 수 있는

믿음에 믿음을 주시기 원합니다.
최후에 면류관을 얻기 위하여 모든 열정을 다 쏟아
주님이 부탁하신 일을 하게 하소서.
우리 자녀들이 오직 살아 계신 한 분의
하나님만 바라며 섬기기를 원합니다.
하나님이 주시는 지혜와 건강으로 잘 성장하여
하나님의 깊으신 뜻을 이루어가게 하소서.
우리 주 예수 그리스도의 이름으로 기도합니다.
아멘!

확실히 행복한 사람이 되는 단 하나의 길은 사람을 사랑하는 것이다. 레프 톨스토이

하나님 앞에 흠 없는 자녀로 살게 하소서

이는 너희가 흠이 없고 순전하여 어그러지고 거스르는 세대 가운데서 하나님의 흠 없는 자녀로 세상에서 그들 가운데 빛들로 나타내며 **빌립보서 2:15**

응답하시는 주님!
주님을 사랑함으로 날마다
말씀을 읽고, 묵상하고, 기도하게 하소서.
주님의 거룩하심처럼
우리도 거룩하기를 원합니다.
주님의 보혈로 씻어주셔서
하나님 앞에 흠 없는 자녀로 살게 하옵소서.
주님께서 모든 죄악을 사하셔서 새롭게 하시므로
예수 그리스도로 옷 입게 하소서.
옛것은 지나가고 새것이 될 줄로 믿으니
생명의 말씀을 밝혀주셔서
우리의 발걸음이 헛되지 않게 하소서.

자녀들의 수고도 헛되지 않기를 원합니다.
우리와 우리 자녀들은 흠이 많고 부족하오니
주님께서 함께하여 주시기를 원합니다.
날마다 주님을 바라보며 살게 하소서.
고난과 핍박을 당하더라도
온전히 하나님의 뜻을 따르게 하시고
주님을 바라보며 인도하심을 받게 하소서.
우리 자녀들이 주님의 은혜로 흠 없는 삶을 살게 하소서.
우리 주 예수 그리스도의 이름으로 기도합니다.
아멘!

좋은 벗을 얻는다는 것은 큰 자본을 얻는 것과 같다. 레만

예수 그리스도의 향기를
나타내게 하소서

우리는 구원 얻는 자들에게나 망하는 자들에게나 하나님 앞에서 그리스도의 향기니 고린도후서 2:15

우리에게 아름다운 자연을 주신 주님!
하나님이 주신 아름다운 세계를 찬양하며 감사드립니다.
아름다운 것들은 향기가 있고
더러운 것들은 부패하고 썩어들어가 악취가 나니
우리 자녀들의 삶을 정결하게 하시고
예수 그리스도의 향기를 풍기게 하소서.
자부심과 긍지를 가지고 살아가게 하시고
주님의 사명에 충성을 다하여
아름답게 살아 향기가 있게 하소서.
우리 자녀들이 제일 먼저 주님이 원하시는 일부터
하게 하시고 주님의 영광을 드러내게 하소서.
주님을 기뻐하게 하시고

주님이 주시는 기쁨을 누리며
소망을 나누며 살기를 원합니다.
우리 자녀들이 욕망과 욕심으로
부패된 삶을 살아가는 것이 아니라
주님의 자녀답게 십자가의 능력에 의지하여
하늘나라 백성답게 살게 하소서.
주님 안에 거하여 생명을 얻고 성령의 열매를 맺어
주님의 향기를 발하는 삶을 살게 하소서.
우리 주 예수 그리스도의 이름으로 기도합니다.
아멘!

인생에 있어서 커다란 기쁨은 세상이 너는 하지 못한다고 말하는 그것을 해내는 것이다. 월터 바조트

주님의 사랑이 넘치는 가정이 되게 하소서

주 예수를 믿으라 그리하면 너와 네 집이 구원을 얻으리라 **사도행전 16:31**

사랑의 공동체인 가정을 허락하신 주님!
우리 가정에 사랑과 화목과 기쁨이 넘치게 하여 주시고
주님의 은혜로 인도하여 주옵소서.
가족 한 사람 한 사람 모두가 소중하오니
주님께서 사랑으로 축복하옵소서.
우리 가족 모두가 주님 앞에 예배 드리기를 기뻐하며
서로 믿고 사랑하며 살아가길 원합니다.
우리 아이들이
항상 주님의 사랑 속에 자라게 하옵소서.
우리 가정이 사랑의 공동체, 믿음의 공동체,
섬김의 공동체가 되게 하시고
주님을 향한 믿음에 열심을 더하게 하옵소서.

가족들이 맡은 일에 최선을 다해 노력하며
건실한 가족 구성원이 되게 하소서.
부모는 자녀를 사랑하고 자녀는 부모를 사랑하여
주님과 이웃들 보기에 아름답고
복된 가정이 되게 하옵소서.
언제나 주님만을 바라보며
주님의 인도하심을 받는 믿음의 가정이 되게 하소서.
우리 주 예수 그리스도의 이름으로 기도합니다.
아멘!

눈물은 우리가 갈망하는 모든 것을 바친다. 호메로스

부모를 기쁘게 하는
자녀가 되게 하소서

지혜로운 아들은 아비로 기쁘게 하거니와 미련한 아들은 어미의 근심이니라 잠언 10:1

부모에게 효도하고 사랑하며 공경하라신 하나님!
우리 자녀들이 하나님을 경외하고
부모에게 기쁨이 되는 자녀가 되게 하소서.
부모의 사랑 속에 자람을 알게 하시고
부모의 수고 속에 자람을 알게 하시고
부모의 기도 속에 자람을 알게 하셔서
곧고 바르게 성장하여 복된 삶을 살기 원합니다.
하나님이 명하신 계명 가운데
"네 부모를 공경하라"고 하신
그 명령에 순복하게 하옵소서.
우리 부모는 자녀들을 바르게 키우고
자녀들은 주 안에서 순종하여

부모의 즐거움이 되게 하소서.
부모들이 땀 흘리며 가르친 것을 알아
효도하는 자녀로 성장하기를 원합니다.
부모와 가정의 고귀함을 알게 하시고
가족들과 화목하며 사랑을 나누게 하소서.
부모와 자녀들이 믿음으로 하나가 되어
주님께 영광을 돌리게 하여 주시고
주님 보시기에 아름다운 가정과 가족이 되게 하소서.
우리 주 예수 그리스도의 이름으로 기도합니다.
아멘!

비겁한 자는 안전할 때 고자세가 된다. 괴테

하나님의 이름을 빛내는
자녀가 되게 하소서

혹 내가 배불러서 하나님을 모른다 여호와가 누구냐 할까 하오며 혹 내가 가난하여 도적질하고 내 하나님을 욕되게 할까 두려워함이니이다
잠언 30:9

우리의 영원한 소망이 되시는 하나님!
우리 자녀들이 하나님의 이름을 빛내는
자녀들이 되게 하옵소서.
오늘도 나약하고 부족한 우리 자녀들을 붙들어주시고
세상의 모든 악한 세력들과 싸워서 이길 수 있는
믿음 있는 기도를 하나님께 드리게 하소서.
하나님께서 맡겨주신 사명에 최선을 다함으로
가족과 친구들에게 도전하고 동기를 부여하여
함께 동역하며 나아가기 원합니다.
우리 자녀들이 게으름과 이기심에서 벗어나
열심히 하나님의 일에 동참하게 하소서.
성령 안에서 늘 깨어 기도함으로

하나님의 능력과 구원의 역사를 체험하여
믿음으로 살아가기를 원합니다.
우리와 우리 자녀들을 사랑하시는
그 놀라우신 하나님의 사랑을
찬양하게 하시고
모든 삶이 새롭게 변화되어
하나님의 이름을 빛내게 하소서.
우리 주 예수 그리스도의 이름으로 기도합니다.
아멘!

기도를 잊지 말라. 네가 기도할 때마다 너의 기도가 성실하다면 그 속에는 새로운 느낌과 새로운 의미가 있을 것이다. 그리고 이것이 너에게 생생한 용기를 줄 것이며, 너는 기도가 곧 하나의 교육이라는 사실을 이해할 것이다. 표도르 도스토예프스키

하늘에 보물을 쌓는
자녀가 되게 하소서

너희를 위하여 보물을 땅에 쌓아두지 말라 거기는 좀과 동록이 해하며
도적이 구멍을 뚫고 도적질하느니라 마태복음 6:19

날마다 우리의 삶을 은혜로 채워주시는 주님!
단 한 번 허락하신 이 지상의 삶 동안에
우리 자녀들이 하늘에 보물을 쌓아가는
복된 믿음으로 살게 하소서.
지극히 작은 자에게 행함도 기억하시는
하나님의 크고 넓은 사랑에 감사드립니다.
우리 자녀들이 구원받은 하나님의 자녀로서
모범적인 신앙생활로
세상의 빛과 소금의 역할을 다하여
하나님께 모든 영광을 돌리게 하소서.
세상에서 받는 화려하고 겉치레인 상보다는
은밀히 행함을 보시는 하나님의 섭리와

하나님의 뜻을 따라 살면서
영원한 상급을 바라보게 하소서.
언제나 자신보다 이웃을 사랑하며
배려할 수 있는 믿음을 주시고
신앙의 부유함으로 물질의 가난함도 이겨내게 하소서.
오직 예수의 신앙으로 살아
진정한 부유함을 누리게 하소서.
세상 만물의 주인이 되시는 하나님께
물질을 통하여 영광과 찬양을 돌리게 하옵소서.
우리 주 예수 그리스도의 이름으로 기도합니다.
아멘!

나의 생명 드리니 주여 받아주셔서 주의 영광 위하여 사용하여 주소서. 찬송 348

하나님께서 준비하신 삶을 살게 하소서

아브라함이 그 땅 이름을 여호와이레라 하였으므로 오늘까지 사람들이 이르기를 여호와의 산에서 준비되리라 하더라 **창세기 22:14**

늘 깨어 기도함으로 섭리를 알게 하시는 하나님!
우리를 죄악에서 구원하시고
우리의 삶을 위하여 최고의 것으로 준비하시고
이루어주시니 감사드립니다.
우리 자녀들도 항상 준비해 주시는
하나님의 인도하심 따라 살기를 원합니다.
우리 자녀들이 하나님께서 부르실 때에
준비된 믿음으로 달려가게 하옵소서.
하나님과 관계없는 헛된 일에는 무관심하게 하시고
하나님의 뜻에 관심을 갖고 귀를 기울여 듣고
행동으로 옮기며 실천하게 하옵소서.
자녀들의 삶을 하나님께서 인도하시고

필요한 것들을 예비해 주심을 믿으며
하나님께 모든 것을 맡기게 하소서.
하나님의 뜻을 따르는
겸손한 믿음을 주시기 원합니다.
우리가 어떠한 처지에 있더라도
내일을 준비하고 부족한 것을 채워주심을 믿고
순종하며 살아가기를 원합니다.
우리 자녀들이 하나님의 사랑과 은혜로 살게 하옵소서.
우리 주 예수 그리스도의 이름으로 기도합니다.
아멘!

원만한 가정은 상호 간의 사소한 희생이 없이는 절대로 영위되지 못한다. 이 희생은 그것을 실행하는 사람에게 위대하며 아름답게 나타난다. 앙드레 지드

주님의 평안 속에
잠들고 깨어나게 하소서

네가 누울 때에 두려워하지 아니하겠고 네가 누운즉 네 잠이 달리로다
잠언 3:24

사랑하는 자에게 잠을 주시는 주님!
우리 아이들이 주님의 보호 아래
날마다 단잠을 푹 자고 일어남으로
개운하게 하루의 일과를 시작하기 원합니다.
잠들기 전에 성경을 한 장이라도 읽는 습관을 들여
하루를 하나님의 말씀으로 마무리하게 하소서.
아침에 일어나면 하루를 인도하실 주님께
감사의 기도로 시작하게 하소서.
일어나서 거울을 볼 때 제일 먼저 미소 짓게 하시고
가족들에게도 미소를 보내며 상쾌하고 명랑하게
하루를 시작하기를 원합니다.
등하교 길을 인도하여 주시고

수업이 시작하기 전에 기도드리는
습관을 갖게 하여 주소서.
부모 된 우리들도 아이들이 잠들기 전에
아이들과 함께 기도하고 아침에도 아이들에게
평안 가운데 식사를 나눔으로
하루를 기쁨으로 시작하게 하소서.
아이들이 날마다 행복을 느끼며 감사로 살게 하소서.
우리 주 예수 그리스도의 이름으로 기도합니다.
아멘!

최고에 도달하려면 최저에서 시작하라. P. 시르스

건강과 장수의 축복을 주소서

네 부모를 공경하라 그리하면 너의 하나님 나 여호와가 네게 준 땅에서
네 생명이 길리라 출애굽기 20:12

그리스도인이라는 자부심을 주신 하나님!
우리 자녀들에게 건강과 장수의 축복을 주시기 원합니다.
우리 자녀들이 하는 일 속에서
귀한 가치를 발견하게 하시고
그로 인해 기쁨과 활기가 넘치는
믿음의 군사의 삶을 살게 하소서.
어려서부터 몸과 마음과 영혼이 건강하게 하시고
지혜롭게 하셔서
하나님 나라를 확장하는 데 도구로 쓰이게 하소서.
주님이 주신 건강과 장수의 축복으로 인해
남을 도울 수 있는 따뜻하고 겸손한 마음을 갖게 하소서.
우리 자녀들이 안일하고 이기적이고

무기력한 신앙생활에서 벗어나
활기차고 힘 있는 믿음으로 살게 하소서.
주님 안에서 누리는 복음의 기쁨을 갖게 하시고
늘 감사하며 살게 하소서.
험난하고 어려운 길을 갈 때에도
고통과 절망의 비탈길을 가야 할 때에도
주님의 이름을 부르며 이겨내고 승리하게 하소서.
우리 주 예수 그리스도의 이름으로 기도합니다.
아멘!

유능한 사람은 언제나 배우는 사람이다. 대니얼 디포

학교생활을 통하여
바른 교육을 받게 하소서

> 네가 호렙 산에서 네 하나님 여호와 앞에 섰던 날에 여호와께서 내게 이르시기를 나를 위하여 백성을 모으라 내가 그들에게 내 말을 들려서 그들로 세상에 사는 날 동안 나 경외함을 배우게 하며 그 자녀에게 가르치게 하려 하노라 신명기 4:10

매 순간 우리에게 삶의 지혜를 주시는 하나님!
우리 아이들이 바른 학교생활을 통하여
참다운 가르침을 받게 하소서.
올바른 지식이 바른 삶으로 이끌고
올바른 교육이 바른 인간관계와
바른 물질관을 만들어주고
올바른 사회를 만들게 되니
학교생활을 통하여 참된 지식을 배우게 하소서.
배움을 통하여 지식을 더하는 데 있어
노력하며 게으르지 않게 하소서.
젊음의 시간에서 노력하여서
결실이 있는 삶을 살아가게 하소서.

남을 이기려고만 하는 지식이 아니라
남을 세워주고 남에게 이익을 가져다주고
함께하며 나눌 수 있는 지식을 배우게 하소서.
참다운 지식을 통하여 주님의 영광을 나타내게 하소서.
우리 아이들에게 지식에 지식을 더하여 주셔서
교만하거나 자만하지 않게 하시고
배울수록 겸손하고 낮아지게 하소서
그리하여 배우고 닦은 지식이 합당하게 쓰임 받게 하소서.
우리 주 예수 그리스도의 이름으로 기도합니다.
아멘!

어떻게 죽느냐가 문제가 아니라 어떻게 사느냐가 문제다. 사뮤엘 버틀러

교우관계가 잘 이루어지게 하소서

어떤 친구는 형제보다 친밀하니라 **잠언 18:24**

원수도 이웃도 사랑하라신 주님!
우리 자녀들의 교우관계에도 함께하소서.
친밀하게 하시고 우정과 의리가 있어서
깊은 배려 속에 교제하기를 원합니다.
선배와 후배 간에 서로 신뢰하고 믿으며
사이좋게 지내게 하옵소서.
서로 간에 신의를 지키며
날마다 주님을 가까이 하며 살게 하소서.
친구들을 위하여 기도하게 하시고
미래의 꿈을 나누며 나아가게 하소서.
그리스도인의 삶은 내적인 변화를 이루는 것이오니
겉만 보고 사람을 쉽게 판단하지 않게 하옵소서.

어떤 이도 경쟁 상대로 대하지 말게 하셔서
오랜 우정으로 삶의 동반자가 되게 하여 주소서.
평생을 서로 기도해 주는
기도의 동지가 되게 하시고
꿈을 함께 이루어가는 좋은 벗이 되게 하소서.
우리 주 예수 그리스도의 이름으로 기도합니다.
아멘!

친구란 두 신체에 깃든 하나의 영혼이다. 아리스토텔레스

지혜로운 친구를 얻게 하소서

지혜로운 자와 동행하면 지혜를 얻고 미련한 자와 사귀면 해를 받느니라 잠언 13:20

역사를 주관하시고 이루시는 하나님!
우리 자녀들이 살아갈 때에 친구들이 필요하니
지혜로운 친구들을 만나게 하옵소서.
언제든지 마음을 털어놓고 이야기할 수 있고
꿈과 비전을 함께 나눌 수 있는 우정이 있고
어려울 때 함께할 수 있는 의리가 있는
멋진 친구들을 만나 살아가게 하소서.
지혜로운 친구가 있으면 지혜로워지고
악한 친구와 함께 있으면 악해지는 것을 알게 하소서.
성령의 능력을 힘입어 구원받은 기쁨과 감격으로
복된 삶을 살아가길 원합니다.
우리 자녀들이 양심이 마비되어

친구를 이용하지 않게 하시고
부정 부패를 저질러 자기 배만 불리지 않게 하소서.
두려움에 사로잡힐 때
이길 수 있는 힘과 능력을 주시고
간절히 기도하며 성령으로 새롭게 거듭나서
은혜를 충만히 받게 하옵소서.
평생토록 좋은 친구들과 살아가게 하소서.
우리 주 예수 그리스도의 이름으로 기도합니다.
아멘!

자신의 실력이 불충분하다는 것을 아는 것이 자신의 실력을 충실하게 한다. 아우구스티누스

공부를 열심히 하여 좋은 결과를 보게 하소서

여호와 하나님은 해요 방패시라 여호와께서 은혜와 영화를 주시며 정직히 행하는 자에게 좋은 것을 아끼지 아니하실 것임이니이다 시편 84:11

우리를 늘 사랑하시는 주님!
우리 자녀들의 삶이 자신이 원하는 모습이기보다
주님이 보시기에도 아름다운 삶의 모습으로
살아가기를 원합니다.
공부하는 데 흥미를 갖게 하시고
시험을 치를 때 노력하고 준비한 만큼
보람 있는 결과를 얻게 되기 원합니다.
부정한 행위로 점수를 받으려 하지 말고
노력한 결과에 만족할 수 있게 하소서.
우리 자녀들이 시험을 치르기 위한 공부를 하기보다
폭넓은 지식으로 꿈을 펼쳐 나가게 하시고
많은 독서를 통하여 폭넓은 견문을 쌓게 하소서.

전문적인 지식을 갖되
남을 이해할 수 있는 넓은 아량과
기다릴 줄 아는 인내심을 주셔서
순간의 결과에 불행하거나 조급하지 않고
일생토록 인도하시는 주님을 기대하며 살게 하소서.
언제나 땀 흘리는 노력으로 좋은 결과를 보게 하소서.
우리 주 예수 그리스도의 이름으로 기도합니다.
아멘!

친구를 갖는다는 것은 또 하나의 인생을 갖는 것이다. 그리시안

시간을 적절하게 사용하게 하소서

하나님이 말씀하시기를 말세에 내가 내 영을 모든 육체에 부어 주리니 너희의 자녀들은 예언할 것이요 너희의 젊은이들은 환상을 보고 너희의 늙은이들은 꿈을 꾸리라 사도행전 2:17

시간을 만드시고 시간의 주인이 되시는 주님!
우리의 삶은 단 한 번뿐인 소중한 것이오니
활기차고 행복하게 살기를 원합니다.
우리 아이들이 컴퓨터나 텔레비전 등에 빠져서
살아가는 것이 아니라
적절하게 시간을 사용할 줄 알게 하소서.
시간을 쓸데없이 낭비하거나
초점도, 목적도 없는 삶을 살지 않기 원합니다.
우리 아이들에게 깨어 있는 삶을 보여주사
모든 것들을 분간할 줄 아는 지혜를 주시고
잘못된 습관에 빠져 젊은 날의 소중한 시간들을
쓸모없고 헛되게 쓰지 않게 하옵소서.

우리 아이들이 습관적으로 저지르는 잘못된 행동이나
사고방식의 문제점을 정확히 파악하여
고칠 수 있게 되길 원합니다.
우리들도 부모로서 아이들과 대화를 나누며
기도로 모든 것을 풀어가게 하여 주시고
인내하며 기다려줄 수 있는 마음의 여유를 갖기 원합니다.
우리 주 예수 그리스도의 이름으로 기도합니다.
아멘!

교육은 하늘이 내린 가치를 높이고 올바른 수련은 마음을 굳세게 한다. 호라티우스

좋은 습관을 갖게 하소서

우리가 선을 행하되 낙심하지 말지니 피곤하지 아니하면 때가 이르매 거두리라 갈라디아서 6:9

날마다 때마다 순간마다 우리를 인도하시는 주님!
우리 아이들이 어려서부터 성경을 읽게 하소서.
우리 아이들이 어려서부터 예배를 드리게 하소서.
우리 아이들이 어려서부터 약속을 잘 지키게 하소서.
우리 아이들이 어려서부터 기도를 잘 드리게 하소서.
우리 아이들이 어려서부터 준비를 잘하게 하소서.
우리 아이들이 어려서부터 선행을 잘하게 하소서.
우리 아이들이 어려서부터 화목하게 하소서.
우리 아이들이 어려서부터 순종하는 마음이 있게 하소서.
우리 아이들이 어려서부터 사귐을 잘 갖게 하소서.
우리 아이들이 어려서부터 꿈과 비전을 갖게 하소서.
우리 아이들이 어려서부터 믿음을 잘 갖게 하소서.

우리 아이들이 어려서부터 소망을 잘 갖게 하소서.
우리 아이들이 어려서부터 사랑을 잘 갖게 하소서.
우리 아이들이 어려서부터 주님을 가까이 느끼게 하소서.
우리 아이들이 삶 속에 좋은 습관이 많고 많아서
하나님과 부모와 사람들의 사랑을
듬뿍 받으며 자라나게 하소서.
우리 주 예수 그리스도의 이름으로 기도합니다.
아멘!

나는 재난이 일어날 때마다 이것을 좋은 기회로 바꾸려고 노력해 왔다. 존 D. 록펠러

아이들이 사춘기를
아름답게 보내게 하소서

주를 향하여 이 소망을 가진 자마다 그의 깨끗하심과 같이 자기를 깨끗이 하느니라 요한일서 3:3

우리에게 소망을 주시고 이루어주시는 주님!
우리 아이들이 주님을 향하여 소망을 갖게 하셔서
사춘기를 아름답게 보내게 하옵소서.
가장 예민한 감정을 가지는 때이니
변화에 변화를 거듭하는 이 시기에
성령의 인도하심으로 몸과 영혼이 깨끗하게 하소서.
날로 타락해 가는 음란 문화 속에서
성적인 타락이 심한 이때에
몸과 마음을 정결하게 지켜낼 수 있는 믿음을 주옵소서.
우리 아이들이 순간적인 쾌락으로 이끌어가는
세속 문화에 노출되어 있으니
그곳에서 시선과 발길을 돌리게 하옵소서.

우리 아이들이 선과 악을 구별하는 신앙을 갖게 하시고
미래의 꿈을 이루어가는 친구들과의 사귐 속에
서로가 믿음으로 기도하여 주며
건강한 사춘기를 보내게 하여 주소서.
가정과 교회에서도 소통의 어려움 없이
보살핌을 받게 하소서.
우리 자녀들이 사춘기를 건강히 보낼 수 있도록
주님께서 붙잡아주시고 인도하여 주소서.
우리 주 예수 그리스도의 이름으로 기도합니다.
아멘!

지극한 즐거움 중에 책 읽는 것에 비할 것이 없고, 지극히 필요한 것 중 자식을 가르치는 일 만한 것이 없다. 명심보감

긍정적인 마음으로
성장하게 하소서

주 안에서 기뻐하라 내가 다시 말하노니 기뻐하라 빌립보서 4:4

인생의 참 기쁨을 주시는 주님!
우리 자녀들이 주 안에서 긍정적인 가치관과
마음을 가지고 잘 성장하게 하옵소서.
마음껏 웃어야 할 때 웃게 하시고
슬플 때에도 여유를 갖고 기쁨을 찾아내게 하소서.
주님이 주시는 소망 가운데 살게 하셔서
늘 밝은 웃음, 해맑은 웃음, 예쁜 웃음으로 살길 원합니다.
날마다 유쾌하게 살게 하시고
자신의 삶과 주변의 삶을 밝히는
복된 삶을 살기를 원합니다.
삶 속에서 아이디어가 필요할 때마다
지혜와 지식을 주셔서 좋은 아이디어가 떠오르게 하시고

좋은 생각으로 좋은 결과를 낳아
좋은 열매를 맺게 하소서.
우리 자녀들이 사랑을 주고받음으로
삶을 빛나게 하시고 자신 있게 살아가게 하소서.
우리 자녀들이 환경이나 여건을 탓하기보다
믿음으로 모든 것을 헤쳐나가게 하시고
비가 그치면 무지개가 뜨듯이
어려움이 있으면 즐거움이 찾아온다는 것을 알아
늘 맑고 고운 마음으로 살아가게 하소서.
우리 주 예수 그리스도의 이름으로 기도합니다.
아멘!

인간은 모든 컴퓨터 중에서 가장 **훌륭한 컴퓨터이다.** 존 F. 케네디

주님이 주시는
명철을 잘 사용하게 하소서

사람의 마음에 있는 모략은 깊은 물 같으니라 그럴지라도 명철한 사람은 그것을 길어내느니라 잠언 20:5

우리에게 은사와 달란트를 주시고
잘 활용하기를 원하시는 하나님!
끝이 없고 헤아릴 수 없는
하나님의 놀라우신 권능으로 우리를 인도하시고
사랑하시는 은혜에 감사드립니다.
우리와 우리 아이들에게 은사와 달란트를 주셨으니
잘 활용할 수 있도록 인도하옵소서.
우리 아이들에게 명철을 주셔서 지혜롭게 하여 주시고
시기심으로 남을 칭찬하지 못하는 일이 없게 하시며
언제나 사랑을 줄 수 있는 넉넉한 마음을 주옵소서.
자신에게 맞는 일들을 분명히 알고
우리 아이들이 하나님이 주시는

은사와 사명을 잘 깨달아
맡겨진 분깃을 지혜와 명철로 잘 감당하게 하소서.
건강한 마음으로 살게 하여 주시고
하나님께서 함께하신다는 믿음으로
모든 일들을 순조롭게 이루어가게 하옵소서.
범사에 하나님을 인정하고 순종하며 따르게 하소서.
우리 주 예수 그리스도의 이름으로 기도합니다.
아멘!

진실한 기도는 검은 구름을 헤치며 야곱의 사다리를 오르게 하며 말씀과 사랑을 훈련하여 위로부터의 모든 축복을 가져온다. 찰스 스펄전

지혜롭게 자라는 자녀가 되게 하소서

예수는 그 지혜와 그 키가 자라가며 하나님과 사람에게 더 사랑스러워 가시더라 **누가복음** 2:52

모든 만물을 새롭게 하시는 주님!
우리를 사랑하여 주시고 함께하여 주셔서
솔로몬에게 지혜를 주신 것처럼
우리 아이들에게도 지혜를 주옵소서.
우리 아이들이 주님의 사랑으로 성장하게 하시고
주님 보시기에 아름다운 삶을 살아가기 원합니다.
우리 아이들이 감정에 따라 살지 않게 하시고
말씀의 인도하심을 받아 살게 하옵소서.
개인적인 생각에 따라 살지 않게 하시고
성령의 인도하심 따라 지혜롭게 살게 하소서.
우리 아이들이 해야 할 말과
해서는 안 되는 말을 구별하고

해야 할 일과 해서는 안 되는 일을 구별하게 하소서.
우리 아이들이 기다릴 때와
달려갈 때를 구별하게 하소서.
모든 일을 성난 마음, 원망하는 마음,
급한 마음으로 결정하지 않기를 원합니다.
안정된 마음으로 기도하며
주님의 뜻을 이루게 하여 주소서.
우리 자녀들에게 지혜를 주시는
우리 주 예수 그리스도의 이름으로 기도합니다.
아멘!

직업에는 귀천이 없다. 불성실한 것은 게으름이다. 헤시오도스

결혼할 때 배우자를 잘 만나게 하소서

선악을 알게 하는 나무의 실과는 먹지 말라 네가 먹는 날에는 정녕 죽으리라 하시니라 여호와 하나님이 가라사대 사람의 독처하는 것이 좋지 못하니 내가 그를 위하여 돕는 배필을 지으리라 하시니라 창세기 2:17-18

남자와 여자를 창조하시고 가정을 이루게 하신 하나님!
우리 자녀들이 성장하여 결혼할 때
좋은 배우자를 잘 만나기 원합니다.
서로 사랑하는 자들이 하나님의 축복을 받아
가정을 만드는 것이오니 주님 홀로 인도하소서.
서로 사랑하여 만난 두 사람이
믿음이 통하고 성격이 맞게 하시고
하나님을 온전히 섬기는 사람이 되게 하소서.
우리 자녀들이 만나는 배우자가
몸과 영혼이 건강하게 하시고
가정이 화목하게 하시고
마음도 건강하며 영혼도 매일매일 새롭게 하소서.

두 사람이 일평생 동안 하나님의 축복을 받으며
열심히 일한 보람으로 살게 하시고
축복하여 주셔서 자녀를 낳게 하시고
축복된 물질과 온전한 직업을 주시기 원합니다.
사랑으로 만나 가정을 이루어 하나님 보시기에
아름다운 삶을 살게 하시고 믿음의 본을 보이고
항상 기도와 말씀 묵상이 함께하는 가정이 되게 하소서.
우리 주 예수 그리스도의 이름으로 기도합니다.
아멘!

어떤 책은 맛을 음미하고 어떤 책은 그것을 삼켜야 하고 어떤 책은 반드시 소화시켜야 한다. 프랜시스 베이컨

남을 이끌 수 있는 리더십을 주소서

내가 진실로 진실로 너희에게 이르노니 나를 믿는 자는 나의 하는 일을 저도 할 것이요 또한 이보다 큰 것도 하리니 이는 내가 아버지께로 감이니라 요한복음 14:12

우리를 주님의 백성으로 삼으신 주님!
우리 아이들이 남을 지도할 수 있는
리더십을 갖게 하소서.
지혜롭게 선한 일을 이루어가는
능력 있는 리더로 자라기를 원합니다.
어려서부터 신앙 훈련과 교육을 통하여
리더십을 배워가게 하옵소서.
삶은 비행하는 항로를 결정하는 것과 같으니
지혜로운 결단력을 갖기 원합니다.
주님의 말씀에 능력이 있듯이
주께서 주시는 입술의 권세로
사람들을 이끌어가게 하옵소서.

우리 아이들에게 지도력을 주셔서
안정감과 평안함을 주는 리더로서 매력을 뿜게 하소서.
우리 자녀들이 탁월한 리더십과 지도력으로
삶을 승리로 이끌어가길 원합니다.
함께 꿈을 이루어갈 사람들과 좋은 친구가 되게 하시고
성장을 거듭하게 하소서.
우리 주 예수 그리스도의 이름으로 기도합니다.
아멘!

기회는 새와 같은 것, 날아가기 전에 꼭 잡아라. 프리드리히 실러

꿈과 비전을 펼칠 수 있는 직장을 주소서

> 요셉이 그 주인에게 은혜를 입어 섬기매 그가 요셉으로 가정 총무를 삼고 자기 소유를 다 그 손에 위임하니 창세기 39:4

소망을 주시고 이루시는 주님!
우리 아이들이 주님의 은혜 아래 축복을 받아
기뻐하고 감사하며 살아가기 원합니다.
천진난만하고 순진하여 아무런 부끄럼 없이
하나님이 주신 행복함을 표현하며 살게 하소서.
믿음으로 삶에 활력이 넘치게 하시고
유머감각으로 사람들을 즐겁게 해주고
힘들고 어려운 일이 생겨도 웃음으로 넘기게 하소서.
주님이 주시는 꿈과 비전을 마음껏 표현하며
마음껏 펼치게 하옵소서.
우리 아이들이 자신들의 꿈을 이루어가며
주님의 사랑 안에서 삶을 즐기게 하소서.

큰 일이건 작은 일이건 매사에 기도하면서
긍정적으로 적극적으로 살기를 원합니다.
아이들이 원하는 것을 마음속으로 갈망하며
아뢸 때 주님의 도우심으로
삶 속에서 이루어나가게 하소서.
하나님의 손길 속에서 소망을 하나하나 이루어가는
기쁨으로 살 것을 기대하며
우리 주 예수 그리스도의 이름으로 기도합니다.
아멘!

각자가 자기의 문 앞을 쓸어라. 그러면 거리의 온 구석이 청결해진다. 각자 자기의 과제를 다하여라. 그러면 사회는 할 일이 없어진다. 괴테

저축하는 삶을 살게 하소서

중한 변리로 자기 재산을 많아지게 하는 것은 가난한 사람, 불쌍히 여기는 자를 위하여 그 재산을 저축하는 것이니라 잠언 28:8

모든 물질의 주인이 되시는 하나님!
우리 자녀들이 하나님으로부터
물질의 축복을 받아 살기를 원합니다.
먼저 심령부터 변화되어 옥토가 되게 하시고
하나님의 말씀을 받아 30배 60배 100배의
결실을 맺게 하옵소서.
삶이란 밭을 잘 개간하여 얻은 소득을
무조건 쓰고 보자는 식의 낭비벽을 없게 하시고
저축하는 습관을 갖게 하옵소서.
우리 자녀들이 지나치게 물질을 아끼다가
어려움을 당하지 않게 하시고
물질로 인하여 이웃과 불화하거나 고리대금을 하여

이웃에게 어려움과 상처를 주지 않게 하소서.
우리 자녀들이 주신 물질을 통하여
하나님의 영광을 드러내게 하시고
이웃을 사랑하므로 더 큰 축복과 사랑을 받게 하소서.
물질이 있는 곳에 마음이 있다고 하셨으니
인색함 없이 사랑을 나누며 살게 하소서.
우리를 날마다 축복하여 주시는
우리 주 예수 그리스도의 이름으로 기도합니다.
아멘!

모든 인간의 일생은 하나님의 손으로 그려진 동화다. 안데르센

바른 야망을 갖게 하소서

너희 중에는 그렇지 아니하니 너희 중에 누구든지 크고자 하는 자는 너희를 섬기는 자가 되고 너희 중에 으뜸이 되고자 하는 자는 모든 사람의 종이 되어야 하리라 마가복음 10:43-44

우리의 마음에 간절함을 주시고 기도하게 하시는 주님!
우리 부모가 주님을 사랑함으로
믿음의 본을 보이는 삶을 살게 하소서.
우리 자녀들이 바른 야망을 가지고 살게 하소서.
권세와 물질을 취하여 타락하며
혼자 도취하여 살아가는 것이 아니라
모든 것을 주신 분은 하나님이심을 믿고 순종하며
영광을 돌리게 되기를 원합니다.
우리 자녀들이 사람 위에 군림하기보다는
주님 자녀답게 사랑하며 섬기는 삶을 살게 하소서.
우리 자녀들이 꿈과 비전을 이루어가면서
세상의 잡다한 소리에 귀를 기울이는 것이 아니라

생명의 소리, 생명의 말씀을 듣게 하소서.
세상적인 욕심을 버리고 바른 야망으로
꿈과 비전을 이루어가기 원합니다.
우리의 자녀들이 하나님을 온전히 신뢰하게 하시고
영적인 안목으로 주님을 선명하게 바라보며
주님의 인도하심을 따르게 하옵소서.
주님께서 우리 삶의 감독자가 되어주소서.
우리 주 예수 그리스도의 이름으로 기도합니다.
아멘!

사람에게는 거처하는 방이 무엇보다도 중요하다. 아늑한 방에서 지내면 마음도 한결 즐겁고 꿈도 화려해진다. 표도르 도스토예프스키

좋은 친구들과 선한 경쟁을 하게 하소서

> 돌은 무겁고 모래도 가볍지 아니하거니와 미련한 자의 분노는 이 둘보다 무거우니라 **잠언 27:3**

우리 자녀들이 항상 하나님의 사랑을 기억하며
하나님을 가까이 하며 살게 하시고
마음으로 하나님을 신뢰하며 살게 하옵소서.
우리 자녀들이 삶을 살아가며
좋은 우정으로 빛날 친구들을 만나게 하소서.
선한 경쟁을 통하여 꿈을 이루어가며
서로를 위하여 기도해 주며 서로의 꿈과
비전을 위하여 내일을 향하여 달려 나가길 원합니다.
자녀들과 친구들이 서로에게 이익이 있을 때나 없을 때나
언제든지 마음을 함께 나누고
이기적인 것에서 멀리 떠나
하나님이 주신 은사와 소유물을

함부로 사용하지 않게 하소서.
다른 사람의 어려움을 돕는 데 기쁨을 갖게 하시고
자녀들과 친구들에게 행복한 일들이 많아지게 하소서.
우리 자녀들과 친구들이 하나님께 기도하게 하시고
성공하였을 때에도 실패하였을 때에도
하나님의 인도하심을 잊지 않게 하소서.
늘 깨어 있어 준비된 삶을 살게 하소서.
우리 주 예수 그리스도의 이름으로 기도합니다.
아멘!

책을 읽는 사람은 참된 벗, 친절한 충고자, 유쾌한 반려자, 충실한 위안자의 결핍을 느끼지 않을 것이다. M. T. 바로

사회에도 필요한
인물이 되게 하소서

너는 마땅히 공의만 좇으라 그리하면 네가 살겠고 네 하나님 여호와께서 네게 주시는 땅을 얻으리라 신명기 16:20

우리의 반석이 되시고 기초가 되시는 하나님!
우리 자녀들이 하나님의 공의만 좇아 살게 하시고
사회에도 필요한 인물이 되게 하소서.
우리 가정에 귀한 선물로 주신 자녀들이
하나님의 말씀을 기초로 한 지도자가 되게 하시고
사회에서도 빛과 소금 역할을 하는 자들이 되게 하소서.
하나님을 영화롭게 하며 하나님께 영광 돌려
기쁘시게 하는 삶을 살게 하시며
출세와 성공 지향적인 삶이 아니라
하나님이 원하시는 영성 있고 열정이 가득한
바른 믿음의 인물로 성장하기를 원합니다.
언제나 교회를 가까이 하게 하시고

말씀을 묵상하며 성도들과 깊은 영적인 교제와
기쁜 사귐이 있게 하소서.
사회에나 이웃에게 유익을 끼치게 하시고
덕을 세워 나가게 하옵소서.
권력과 권세와 물질을 남용하지 않게 하시고
언제나 바른 믿음과 양심으로 하나님과 사람 앞에
부끄럼 없는, 하나님이 세우신 지도자가 되게 하소서.
우리 주 예수 그리스도의 이름으로 기도합니다.
아멘!

기도는 하늘에서 축복을 가져오며, 근로는 대지에서 축복을 캐낸다. 기도는 하늘의
수레이며, 근로는 지상의 수레이니 둘 다 행복을 가져온다. 하인리히

이웃을 사랑하는 마음을 갖게 하소서

그 이웃을 업신여기는 자는 죄를 범하는 자요 빈곤한 자를 불쌍히 여기는 자는 복이 있는 자니라 **잠언 14:21**

우리 가정과 가족을 사랑하시는 주님!
우리 가족이 서로 사랑을 나누며
살아갈 수 있게 하심을 감사드립니다.
우리 아이들에게 가족과 이웃을 사랑할 수 있는
믿음과 여유를 주시기 원합니다.
가정은 주님의 축복과 사랑으로 이루어진 공동체이니
가족이 서로 사랑함으로써
우리 이웃들에게도 그 사랑이 전해지게 하소서.
가족들의 사랑과 믿음으로
가정이 따뜻하고 포근한 안식처가 되게 하소서.
우리의 이웃도 한 영혼 한 영혼 모두가
하나님의 형상을 닮은 고귀한 생명이오니

사랑으로 섬기게 하소서.
가정에서부터 참된 교육이 이루어져
가치관과 인격과 태도와 습관이
부모의 기도와 믿음으로 잘 형성되기를 원합니다.
가정에서 배운 사랑을 이웃과 나누게 하시고
이웃에게 주님의 사랑을 나타내게 하소서.
하나님의 사랑을 표현하며 살게 하소서.
우리 주 예수 그리스도의 이름으로 기도합니다.
아멘!

다른 사람을 존경해야 자기도 존경받을 수 있다. 랠프 W. 에머슨

세상의 빛과 소금이 되게 하소서

> 너희는 세상의 소금이니 소금이 만일 그 맛을 잃으면 무엇으로 짜게 하리요 후에는 아무 쓸데없어 다만 밖에 버리워 사람에게 밟힐 뿐이니라 너희는 세상의 빛이라 산 위에 있는 동네가 숨기우지 못할 것이요 마태복음 5:13-14

우리 삶에 주인이 되시는 주님!
우리 자녀들의 삶이
세상의 빛과 소금이 되게 하소서.
어둠을 밝히는 빛이 되게 하소서.
세상과 구별된 삶을 살기 원합니다.
우리 자녀들의 삶이
예수 그리스도의 사랑을 나타내는
세상의 빛과 소금이 되게 하소서.
우리 자녀들의 삶이
예수 그리스도의 생명을 전하는
세상의 빛과 소금이 되게 하소서.
우리 자녀들의 삶이

예수 그리스도의 복음을 나타내는
세상의 빛과 소금이 되게 하소서.
우리 자녀들의 삶이
예수 그리스도의 마음을 전하는
세상의 빛과 소금이 되게 하소서.
우리 자녀들의 삶이
예수 그리스도의 구원을 전하는
세상의 빛과 소금이 되게 하소서.
우리 주 예수 그리스도의 이름으로 기도합니다.
아멘!

농담으로라도 친구를 상처 입히지 말라. 시러스 잠언집

세계를 가슴에 품고
기도하며 살게 하소서

땅의 모든 끝이 여호와를 기억하고 돌아오며 열방의 모든 족속이 주의 앞에 경배하리니 시편 22:27

온 땅과 온 하늘을 품에 안으시는 주님!
전 세계에는 주님의 구원을 원하는 사람들이 많이 있으니
우리와 우리 자녀들이 세계를 품고 기도하게 하소서.
나라마다 민족마다 그들의 교회를 위하여
지도자를 위하여 선교사들을 위하여
주님의 잃어버린 양떼를 위하여
기도하게 하소서.
모든 민족을 창조하신 하나님의 섭리를 아오니
한 생명 한 생명 귀한 영혼이
주님께 돌아오게 하소서.
우리 자녀들이 세계 지도자를 위하여 기도하게 하시고
믿음으로 경영해 나가게 하소서.

우리 자녀들이 자신의 개인적인 문제만을
기도하는 것이 아니라 도고의 기도를 통하여
하나님의 사람들과 연결되게 하소서.
온 나라 온 민족 안에서 죄악이 사라지고
주님의 선함과 인자함만이 가득하게 하소서.
우리 주 예수 그리스도의 이름으로 기도합니다.
아멘!

우리들은 학교에서 배우는 것이 아니고 인생에서 배운다. 세네카

주님께 영광을 돌리는
삶을 살게 하소서

우리가 살아도 주를 위하여 살고 죽어도 주를 위하여 죽나니 그러므로
사나 죽으나 우리가 주의 것이로다 로마서 14:8

우리의 삶을 처음부터 영원까지 인도하여 주시는 주님!
주님께서 우리들을 사랑하셔서
십자가의 보혈로 구원하여 주시고
늘 사랑과 축복으로 인도하여 주시니 감사드립니다.
우리 자녀들이 믿음과 기도 속에
주님 보시기에 아름다운 삶을 살게 하소서.
우리 자녀들이 모든 삶을 통하여
주님께 영광과 찬양을 드리며 예배하게 하시고
주님을 온전히 경외하는 삶을 살게 하소서.
우리 자녀들이 항상 주님과 동행하는 삶을 살게 하소서.
우리 자녀들이 항상 주님이 원하는 삶을 살게 하소서.
우리 자녀들이 항상 주님께서

주시는 사명을 감당하게 하소서.
우리 자녀들이 항상 주님의 뜻을 이루게 하소서.
주님께서 주시는 은혜와 사랑으로 기뻐하며
감동하며 감격하며 살아가기를 원합니다.
오직 주님만을 섬기며 열매를 맺게 하시고
영육이 강건하게 하시며 축복을 받으며 쓰임 받게 하소서.
우리 주 예수 그리스도의 이름으로 기도합니다.
아멘!

부모만큼 가장 자연스럽고도 호적한 교육자는 없다. 헤르바르트

예수 그리스도의 편지로 읽혀지게 하소서

> 너희는 우리로 말미암아 나타난 그리스도인의 편지니 이는 먹으로 쓴 것이 아니요 오직 살아계신 하나님의 영으로 한 것이며 또 돌비에 쓴 것이 아니요 오직 육의 심비에 한 것이라 고린도후서 3:3

우리 삶 속에 들어와 계시는 주님!
우리에게 성경을 주셔서
주님의 편지로 읽게 하시고
믿음의 삶을 위하여 깨우침을 주시고
구원의 확신을 주시니 감사드립니다.
우리 자녀들의 삶도 예수 그리스도의
편지로 읽혀지기를 원합니다.
세상 사람들은 이 아이가 주님의 자녀임을 알고 있사오니
주님의 자녀답게 살아가게 하시고
모든 면에서 부족함이 없게 하소서.
주님이 언제나 함께하심을 믿고 의지하게 하소서.
언제나 힘이 넘치고 활력이 넘치는 삶을 살게 하소서.

우리 자녀들이 주님의 말씀과 삶을 본받아
살기 원하며 주님을 닮아가기 원합니다.
우리와 우리 자녀들의 삶이
예수 그리스도의 편지로 읽혀지게 하소서.
어떤 일을 만나도 두려워하지 않고
우리와 함께하여 주시는 주님을 믿고 의지하며
예수 그리스도의 편지가 되게 하소서.
우리 주 예수 그리스도의 이름으로 기도합니다.
아멘!

아무리 나쁜 사람에게라도 칭찬할 것은 칭찬해 주라. 유럽 속담

누구든지 그의 말씀을 지키는 자는
하나님의 사랑이 참으로 그 속에서 온전케 되었나니
이로써 우리가 저 안에 있는 줄을 아노라
저 안에 거한다 하는 자는 그의 행하시는 대로 자기도 행할지니라

요한일서 2:5-6

4 언제나 도우시는 하나님만을 바라보게 하소서

우리 자녀가 고난과 역경에 처했을 때
드리는 엄마의 기도

주님의 약속을 기다리게 하소서

약속으로 모든 것을 이루는 주여!
주님의 약속을 기억하며
기도하며
기다릴 줄 아는 믿음을 주옵소서

세상만사가 내가 주장하는 대로
이루어지는 것이 아니라
모든 일들이 하나님의 섭리와
계획 속에서 이루어지고 있음을 믿게 하소서

죄악으로 인하여
한순간 편안함과 달콤함과
짜릿한 흥분에 도취되어
사는 것이 아니라
주님의 뜻과 약속하심을 기다릴 줄 아는
믿음을 주소서

주님의 제자들이
주님의 약속하심을 믿고 기도하여
성령 세례를 받고 강하고 담대한 믿음으로
믿음이 새롭게 변화되었듯이
우리도 그리하게 하소서

- 용혜원 -

우리 자녀의 기도를 들어주소서

기도에 항상 힘쓰며 로마서 12:12

우리 자녀들이 항상 기도에 힘쓰는
삶을 살게 하소서.
믿음의 삶은 기도로 이루어지오니
기도함으로 바른 삶을 살아가게 하소서.
주님 자녀의 기도는 반드시 응답되는 줄 아오니
기도로써 삶을 가꾸어가게 하소서.
기도함으로 믿어 믿음에 이르게 하옵소서.
우리와 우리 자녀가 능력이 있어서
주님께서 쓰시는 것이 아니라
주님이 주시는 능력을 소유하였기에 사용하시니
겸손히 하나님의 사람으로 쓰임 받게 하소서.
기도함으로 자신의 삶을 바르게 깨닫게 하시고

주님께 쓰임 받는 그릇이 되게 하소서.
하나님께 크게 쓰임 받게 하소서.
기도함으로 주님을 온전히 신뢰하게 하시고
기도함으로 모든 일들을 주님께 의뢰하게 하소서.
깨어 기도함으로 응답받는 삶을 살게 하소서.
우리 주 예수 그리스도의 이름으로 기도합니다.
아멘!

사람은 그 출신에 의하여 천한 자가 되는 것이 아니다. 또 그 출신에 의하여 성스러운 자가 되는 것도 아니다. 다만 그 행위에 의하여 천한 자가 되기도 하고 성스러운 자가 되기도 한다. 수타니파타

삶의 중요한 결정을 내릴 때 기도하게 하소서

의논이 없으면 경영이 파하고 모사가 많으면 경영이 성립하느니라
잠언 15:22

우리의 삶을 지도하시는 하나님!
우리 자녀들이 삶의 중요한 결정을 내려야 할 때
하나님께 기도함으로 응답받기를 원합니다.
우리가 하나님의 행하심을 다 이해할 수 없으니
순전한 믿음으로 하나님을 신뢰하며 나아가게 하소서.
우리 자녀들에게 사랑을 충만히 베푸셔서
하나님의 사랑을 본받기 원합니다.
자녀들에게 꿈을 심어주셔서
동경하고 사모하는 일에 도전하게 하소서.
언제나 주 안에서 열정을 가지고 일하게 하시고
믿음 속에서 순전한 생각을 행동으로 옮기게 하소서.
모든 일들을 기도하여 하나님과 의논하게 하시고

세밀한 하나님의 인도를 받게 하소서.
자녀들이 하루하루 목표를 향해서
열심을 갖고 노력하게 하시고
좋은 결과를 이루게 하소서.
하나님께서 강권하여 우리를 인도하여 주실 때
믿음을 따라가는 믿음의 자녀가 되게 하소서.
우리 자녀들이 하나님을 소망하며
하나님의 섭리 안에서 축복받는 삶을 살게 하소서.
우리 주 예수 그리스도의 이름으로 기도합니다.
아멘!

국가의 운명은 청년의 교육에 달려 있다. 아리스토텔레스

하나님께서 보호하시고
인도하여 주소서

그 사면의 도합이 일만 팔천 척이라 그날 후로는 그 성읍의 이름을 여호와삼마라 하리라 에스겔 48:35

우리를 소원의 항구로 인도하시는 하나님!
우리들을 보호하시고 인도하시니 감사합니다.
자녀들의 신앙이 급하게 웃자라는 것보다
견고하여 흔들림이 없는 신앙이 되기를 원합니다.
언제나 어디서나 주님의 성실함을 본받게 하소서.
어리석은 욕심으로 살지 않게 하시고
작은 일에도 온 정성을 다하게 하소서.
어떠한 일에도 불평부터 하기보다는 기도하게 하시고
진실함을 통하여 하나님이 함께하심을 나타내게 하소서.
우리 자녀들이 언제나 함께하시는
하나님을 날마다 경험하기 원합니다.
삶 속에서 일어나는 기쁨과 슬픔과 눈물까지도

감사할 수 있는 믿음을 갖게 하옵소서.
자신의 삶을 하나님께 맡기고
주님 안에서 변화된 삶을 살기 원합니다.
우리 자녀들의 연약함과 부족함을 채워주셔서
주님의 뜻을 이루게 하옵소서.
주님의 말씀을 날마다 묵상함으로
날마다 성숙한 믿음으로 사랑하며 살게 하소서.
우리 주 예수 그리스도의 이름으로 기도합니다.
아멘!

어린아이를 안은 어머니만큼 맑고 깨끗한 것은 없으며, 많은 자식에 둘러싸인 어머니만큼 경애를 느끼게 하는 것은 없다. 괴테

하나님의 치료하심을 받게 하소서

> 너희가 너희 하나님 나 여호와의 말을 청종하고 나의 보기에 의를 행하며 내 계명에 귀를 기울이며 내 모든 규례를 지키면 내가 애굽 사람에게 내린 모든 질병의 하나도 너희에게 내리지 아니하리니 나는 너희를 치료하는 여호와임이니라 출애굽기 15:26

심령이 상한 자를 치료하시는 하나님!
언제나 신실하신 하나님께서 상한 영혼과
육체의 고통을 치유하시니 감사를 드립니다.
우리 자녀들이 이 땅을 살아가며
경험하는 온갖 시련과 아픔과 상처를
치료해 주시고 보호해 주옵소서.
자녀들의 삶에 절망의 먹구름과
폭풍우가 몰아칠 때마다
하나님의 손길로 붙잡아주시고
신실한 하나님의 은혜를 경험하게 하소서.
상처가 있을 때마다
하나님께 무릎을 꿇어 기도함으로

깨끗하게 치유받게 하옵소서.
자녀들의 마음에 진실하고 참된 믿음이 있기를 원합니다.
하나님과 언제나 친밀함으로 기도하게 하소서.
욕심과 욕망으로 인하여 병들지 않게 하시고
하나님의 뜻을 이루기 위하여 사명을 감당하다
상처를 입거나 병이 들었을 때
하나님의 손길로 치유하여 주시기를 원합니다.
우리 주 예수 그리스도의 이름으로 기도합니다.
아멘!

자식의 장래는 그 어머니의 노력에 따라 정해진다. 버나드 쇼

기도의 능력을 체험하게 하소서

> 또한 우리를 위하여 기도하되 하나님이 전도할 문을 우리에게 열어주사 그리스도의 비밀을 말하게 하시기를 구하라 내가 이것을 인하여 매임을 당하였노라 골로새서 4:3

전지전능하시며 권능을 행하시는 주님!
우리 자녀들이 영적인 열정을 갖고 기도하므로
기도의 능력을 체험할 수 있는 믿음을 주옵소서.
자녀들의 신앙이 맹목적인 허상을
바라보고 날뛰는 신앙이 아니라
믿음의 실체를 온전히 체험하는 신앙이게 하소서.
하나님의 사람으로 살아가려는
열정과 갈망을 갖게 하여 주사
기도로 영력과 담력 있는 믿음의 삶을 살게 하소서.
기도를 통하여 삶 속에서 일어나는
모든 문제와 시험을 이겨내게 하시고
살아 계신 하나님을 체험하게 하소서.

믿음으로 기도하게 하시고
믿음으로 응답받게 하소서.
기도가 없는 신앙은 죽은 신앙이오니
기도함으로 살아 있는 신앙, 알곡 신앙이 되게 하소서.
우리 삶의 모든 것과 우주를 주관하시는
하나님의 섭리를 우리 자녀들이 믿고
기도하며 살게 하소서.
우리 주 예수 그리스도의 이름으로 기도합니다.
아멘!

무슨 일을 시작할 때는 머릿속을 깨끗이 비워야 한다. 오늘 일을 잘 하려면 어제 일에 얽매여서는 안 된다. 내일 일을 미리 걱정하지 마라. 내일 일은 내일 걱정하면 된다. 아침에 일어나면 자고 난 방을 청소하듯이 머릿속도 청소할 필요가 있다. 고오다

어떤 어려움이 닥쳐도
흔들리지 않는 믿음을 주소서

내가 여호와를 항상 내 앞에 모심이여 그가 내 우편에 계시므로 내가 요동치 아니하리로다 시편 16:8

삶의 모든 문제를 해결해 주시는 하나님!
우리 자녀들이 성장할수록 믿음도 자라나
어떤 어려움이 닥쳐도 좌로나 우로나 흔들리지 않는
반석 위에 세워진 믿음을 갖게 하소서.
위험에 처했을 때에도 기도로 이겨내게 하시고
두려움과 걱정과 초조함에서 벗어나
하나님을 신뢰하므로 요동치지 않기를 원합니다.
시련과 역경에 대처할 수 있는 여유를 주시고
삶이란 전쟁터에서 늘 승리함으로
하나님께 영광을 돌리게 하옵소서.
언제나 하나님께 도움을 청하게 하시고
우리를 도우시는 하나님을 삶에서 체험하게 하소서.

아이들의 마음과 삶의 중심에
항상 하나님을 모시기 원합니다.
괴로울 때나 슬플 때나 언제 어디서나
함께하여 주시는 하나님을 따르게 하소서.
학업에 열중하다가 힘이 들 때에도
친구들과 사귀면서 어려울 때에도
꿈을 이루어가다 지칠 때에도
언제나 도우시는 하나님만을 바라보게 하소서.
우리 주 예수 그리스도의 이름으로 기도합니다.
아멘!

사랑을 방해하는 것은 아무것도 없다. 사랑은 모든 것의 내부를 파고든다. 영원히 날개를 파닥거린다. 마티어스 크라우디우스

실패에서 일어나
승리하게 하소서

> 그러므로 내가 택하신 자를 위하여 모든 것을 참음은 저희로도 그리스도 예수 안에 있는 구원을 영원한 영광과 함께 얻게 하려 함이로다 디모데후서 2:10

전쟁을 주관하시는 전능하신 하나님!
우리로 하여금 실패에서 일어나 승리하게 하소서.
예수 그리스도의 복음을 들고 끝까지 힘써서 싸우는
예수 그리스도의 충성된 군사가 되게 하옵소서.
하나님께서 맡기신 사명을 늘 성실함으로
감당하기 원합니다.
우리 자녀들이 어둠을 물리치고
복음으로 빛의 생활을 하게 하소서.
혼란스럽고 공허하고 어둠으로 가득 찬 세상에서
빛과 소금의 역할을 잘 할 수 있도록 도우소서.
삶의 목적과 내용을 아름답게 하셔서
모든 고난과 역경의 가운데에서도

꽃피우고 열매를 맺게 하소서.
우리 자녀들이 어디서나 환영받는 믿음의 사람으로
하나님의 자녀로 부끄럼이 없이 살게 하소서.
하나님께서 인도하시는 길이 참된 길이오니
이 영원한 생명의 길을 얻기 위하여
모든 고난과 역경을 오직 믿음으로 이기게 하소서.
항상 함께하시는 주님을 따르게 하소서.
우리 주 예수 그리스도의 이름으로 기도합니다.
아멘!

단 한 권의 책밖에 읽은 적이 없는 인간을 경계하라. 리즈 테일러

포기할 것은
포기하게 하소서

> 또 내 이름을 위하여 집이나 형제나 자매나 부모나 자식이나 전토를 버린 자마다 여러 배를 받고 또 영생을 상속하리라 **마태복음 19:29**

우리의 마음을 아시고 함께하시는 주님!
자녀들이 삶 가운데서 포기할 것은 포기하게 하소서.
우리 자녀들이
욕심을 포기하게 하소서.
욕망을 포기하게 하소서.
다툼을 포기하게 하소서.
비난을 포기하게 하소서.
타락을 포기하게 하소서.
죄악을 포기하게 하소서.
미움을 포기하게 하소서.
헛됨을 포기하게 하소서.
거짓을 포기하게 하소서.

시기를 포기하게 하소서.
우리 자녀들이 하나님의 영광을 높이 드러내는
도구로 쓰임 받기 원합니다.
기쁨을 누리며 소망 중에 살게 하시고
십자가의 능력에 의지해서
하나님 나라의 일꾼으로 사명을 다하게 하소서.
마음 중심에 세상의 헛된 것을 두지 않고
오직 하나님만 바라며 살기 원합니다.
우리 주 예수 그리스도의 이름으로 기도합니다.
아멘!

좋은 추억은 마음에 오래도록 머물고 좋지 않은 추억은 더욱 오래도록 머문다. 체코 슬로바키아 속담

헛된 물질을 탐하지 않게 하소서

이를 탐하는 자는 자기 집을 해롭게 하나 뇌물을 싫어하는 자는 사느니라 **잠언 15:27**

물질이 있는 곳에 네 마음도 있다고 하신 하나님!
우리 자녀들이 하나님이 주시는 은혜와
축복 속에 살게 되기를 원합니다.
우리 자녀들이 불의한 뇌물과 부당한 물질의 미혹에
빠지지 않게 하시고 지혜롭게 대처하게 하소서.
하나님이 주시지 않은 헛된 물질을 탐내지 않게 하소서.
욕심만 가득 채우려는 이기적인 마음을 버리게 하시고
아무것도 바라지 않고 줄 수 있는 마음을 갖게 하소서.
우리가 인간적인 탐욕과 욕심을
늘 앞세웠던 일들을 용서하옵소서.
오직 하나님의 인도하심으로
주님이 쓰시는 도구로 사용되게 하소서.

예수 그리스도의 보배로운 피로 구원을 받았으니
거룩하신 하나님의 자녀답게
거룩하게 살게 하옵소서.
거짓된 것을 탐하지 않고
오직 하나님의 섭리 안에서 매사에 감사하며
하나님의 뜻에 순종하므로
삶을 풍요롭게 가꾸어 나가게 하소서.
우리 주 예수 그리스도의 이름으로 기도합니다.
아멘!

네가 생명을 사랑한다면 기도를 하라. 녹스

분노를 다스릴 수 있는 믿음을 주소서

분을 쉽게 내는 자는 다툼을 일으켜도 노하기를 더디하는 자는 시비를 그치게 하느니라 잠언 15:18

우리에게 순전한 믿음을 주시고 사랑해 주시는 하나님!
우리 아이들에게 분노를
다스릴 수 있는 믿음을 주소서.
우리 아이들이 미움의 굴레 속으로
빠지지 않게 하소서.
시기의 가시밭으로 들어가지 않게 하소서.
우리 아이들이 질투의 울타리 안으로
넘어 들어가지 않게 하소서.
혈기의 온도를 높이지 않게 하시고
하나님이 주시는 사랑으로
마음을 다스리게 하소서.
우리 아이들이

하나님이 주시는 평안으로 살아가게 하소서.
우리 아이들이
하나님이 주시는 소망으로 행복하게 하소서.
하나님께서 자녀들의 마음밭을
옥토로 만들어주셔서
말씀으로 심고 거두게 하소서.
우리 주 예수 그리스도의 이름으로 기도합니다.
아멘!

부모님이 우리의 어린 시절을 돌봐주셨으니 우리도 부모님의 여생을 돌봐드려야 된다. 생텍쥐페리

모든 염려를
주님께 맡기게 하소서

너희 염려를 다 주께 맡겨 버리라 이는 저가 너희를 권고하심이니라
베드로전서 5:7

하나님의 뜻에 따라 살기를 원하시는 주님!
삶에서 일어나는 모든 문제와 염려를
주님께 온전히 맡기며 살아가게 하옵소서.
우리가 살면서 행복을 느끼지 못하는 것은
삶에 문제가 있음이니 회개하게 하시고
어려움이 있을수록 주님만 의지하게 하소서.
삶이라는 바다가 항상 잔잔한 것만은 아니니
폭풍우가 몰아치고 거센 파도가 몰려오더라도
원망하거나 실망하지 말고 헤쳐나가며
주님을 더욱더 소망하게 하옵소서.
우리 자녀들이 항상 기뻐하는 마음으로
"나는 정말 행복하다"고 외칠 수 있는

하나님의 은혜를 신뢰하는 믿음의 사람이 되게 하소서.
우리 자녀들이 삶에서 불평만 찾아내는
어리석음에 빠지지 않게 하시고
행복을 찾아내 누리며 사는
지혜로운 자들이 되기를 원합니다.
우리 자녀들이 의욕을 갖고 모든 일들을
주님께 맡기며 기쁨으로 살아가게 하소서.
우리 주 예수 그리스도의 이름으로 기도합니다.
아멘!

가장 큰 행복은 한 해를 마무리하면서 지난해의 처음보다 훨씬 나아진 자신을 발견하는 것이다. 레프 톨스토이

눈물로 씨를 뿌려
기쁨으로 단을 거두게 하소서

눈물을 흘리며 씨를 뿌리는 자는 기쁨으로 거두리로다 울며 씨를 뿌리러
나가는 자는 정녕 기쁨으로 그 단을 가지고 돌아오리로다 시편 126:5-6

심음과 거둠의 법칙을 우리에게 가르쳐주시는 하나님!
우리 삶의 모든 결과는 심음과 거둠의 법칙에 있으니
우리 자녀들도 젊은 날에 눈물로 씨를 뿌려
기쁨으로 단을 거두기 원합니다.
모든 실패의 원인은 자신에게 있으니
하나님의 인도하심 따라 고칠 것은 고쳐서
날마다 새롭게 살아가게 하옵소서.
성공이 또 다른 성공을 낳는 것이 성공의 법칙이오니
자신감을 갖고 앞으로 전진하여 나아가게 하소서.
우리 자녀들이 원하는 목표가 달성되면
제일 먼저 하나님께 영광을 돌리게 하시고
더 큰 목표를 정하여 나가게 되기를 원합니다.

실패하였을 때에는 실패한 원인을 잘 찾아내어
다시는 똑같은 일을 반복하는
어리석은 행동을 하지 않게 하소서.
항상 잘된 부분과 좋은 부분은 격려를 받고
잘못된 부분은 고치고 버리게 하소서.
우유부단한 점이 있으면 고치게 하시고
쓸데없이 걱정만 하기보다는 모든 것을 맡기게 하소서.
우리 주 예수 그리스도의 이름으로 기도합니다.
아멘!

가정이야말로 고달픈 인생의 안식처요, 모든 싸움이 자취를 감추고 사랑이 싹트는 곳이며, 큰 사람이 작아지고 작은 사람이 커지는 곳이다. 가정은 안심하고 모든 것을 맡길 수 있으며 서로 의지하며 사랑을 받는 곳이다. H. G. 웰즈

범사에 감사하며 살게 하소서

> 이는 잠잠치 아니하고 내 영광으로 주를 찬송케 하심이니 여호와 나의
> 하나님이여 내가 주께 영영히 감사하리이다 시편 30:12

지극히 작은 자에게 행한 일도 기억하시는 주님!
우리 마음속 감사의 시작은
모두가 주님의 사랑입니다.
우리 아이들에게 어려서부터
모든 일에 감사하는 믿음을 주시기 원합니다.
어린 시절에 사용하는 언어와 행동이
평생토록 습관이 되오니
범사에 주님께 감사하며 살게 하소서.
부모와 형제자매, 친구들과 모든 사람들에게
감사할 수 있는 마음이 열리기를 원합니다.
어려서부터 주님의 이름을 높이게 하시고
하나님의 뜻에 순복하며 살게 하옵소서.

우리 아이들이 주님의 사랑을 흠뻑 받았으니
용서하고 또 용서함을 받게 하여 주시고
악으로부터 보호하여 주시기를 원합니다.
우리 아이들의 신앙이
늘 아멘으로 화답하는 신앙이 되게 하소서.
우리 아이들을 있는 모습 그대로
사랑하여 주시니 감사를 드리며
우리 주 예수 그리스도의 이름으로 기도합니다.
아멘!

고통은 짧고 기쁨은 영원하다. 프리드리히 실러

함께하는 사람들이 있음을
감사하게 하소서

내가 전심으로 주를 찾았사오니 주의 계명에서 떠나지 말게 하시고 내가 주께 범죄치 아니하려 하여 주의 말씀을 내 마음에 두었나이다 시편 119:10-11

삶의 모든 것을 합력하여 선을 이루시는 하나님!
우리 자녀들이 삶 속에서 함께할 수 있는
사람들이 있음을 기뻐하게 하시고 감사하게 하소서.
인간은 결코 홀로서는 아무 일도 할 수 없으니
하나님의 선하신 뜻을 함께 이루어가게 하소서.
우리 자녀들의 신앙이 사람들 속에서 열매 맺게 하시고
사람들을 욕심으로 사귀다가 낭패를 당하지 않게 하소서.
또한 사람들과의 관계에서도
순결한 마음과 믿음을 갖기 원합니다.
작은 실수가 신뢰를 저버리게 하오니
사람들에게 신의가 있는 삶을 살게 하옵소서.
기도를 통해 사람들과의 관계가

아름답게 익어가는 열매가 되게 하소서.
우리 자녀들의 가슴속에 다른 사람들의 영혼을 향한
주님의 사랑과 열정이 가득하게 하옵소서.
주님께서 허락하시는 은사를 사람들에게 사용하게 하시고
겸손히 주님을 섬기게 하시며
하나님과 사람들에게 감동을 줄 수 있는
삶을 살게 하소서.
우리 주 예수 그리스도의 이름으로 기도합니다.
아멘!

사람은 가난해도 가난한 대로 만족을 찾을 수 있다. 남이 칭찬하고 부러워한다고 해서 내가 행복할 것은 하나도 없다. 행복이란 나 자신의 마음의 평화를 얻는 데서 온다. 무명

낮아짐의 믿음을
배우게 하소서

누구든지 자기를 높이는 자는 낮아지고 누구든지 자기를 낮추는 자는
높아지리라 마태복음 23:12

우리 삶에 용기와 희망을 주시는 주님!
우리 자녀들이 주님의 낮아짐을 배우게 하시고
삶 속에서 낮아지기를 원합니다.
스스로 높여 교만하다가 쓰러지지 않게 하시고
겸손하여 세우심을 입게 하소서.
우리 자녀들에게 어떠한 고난과 역경이 다가오더라도
믿음의 기도와 겸손과 인내로
하나님의 도우심을 구하게 하옵소서.
우리 자녀들이 주님의 무한하심을 깨달아
늘 감사하며 인도하심을 받게 하소서.
교만하면 높아지기를 원하고 교만하면 무너지오니
낮아진 모습 그대로 주님의 사랑을 받게 하시고

주님을 바라봄으로 소망을 얻게 하소서.
겸손함으로 애매하게 고난당하는 일이 있더라도
불평하거나 원망함이 없이
겸손하게 하나님의 뜻을 구하게 하소서.
우리 자녀들을 하나님께서 인도하여 주시고
사랑해 주소서.
우리 주 예수 그리스도의 이름으로 기도합니다.
아멘!

빈 주머니는 빈 머리를 만든다. W. C. 윌리엄스

작은 일에도 감사하는
믿음을 주소서

오늘 있다가 내일 아궁이에 던지우는 들풀도 하나님이 이렇게 입히시거든 하물며 너희일까보냐 믿음이 적은 자들아 **마태복음 6:30**

보잘것없는 작은 들꽃과 작은 새도 사랑하시는 주님!
우리와 우리 자녀들에게
작은 것에도 감사하는 마음을 주소서.
큰 숲도 나무 한 그루에서 시작되고
넓은 모래사장도 작은 모래알 하나에서 시작되니
시작은 작을지라도 크게 발전하기를 원합니다.
우리 자녀들이 온전히 신뢰하며 살게 하소서.
작은 들풀도 사랑하시는 주님께서
주님의 자녀들을 얼마나 사랑하시는가를
기대하며 경험하길 원합니다.
작은 일에도 최선을 다하게 하시고
하나님의 섭리에 따라 많은 열매를 맺게 하소서.

작은 것의 소중함, 작은 것의 아름다움을 알게 하시고
우리 자신도 우주와 지구 속에 얼마나
작은 존재인가를 깨닫게 하소서.
하나님이 기억해 주시고 사랑해 주심을 알게 하소서.
주님 사랑의 손길 안에서
작은 소망들을 이루어가게 하시고
노력하며 기쁨을 누리게 하시며
주님의 뜻을 이루어가기 원합니다.
우리 주 예수 그리스도의 이름으로 기도합니다.
아멘!

노동은 고통에 대해 우리를 견고하게 한다. 키케로

주님의 은혜가 항상 머물게 하소서

> 아기가 자라며 강하여지고 지혜가 충족하며 하나님의 은혜가 그 위에 있더라 누가복음 2:40

우리에게 구원의 기쁨을 주시는 주님!
우리 자녀들이 주님의 손길 아래서 성장하게 하시고
날마다의 삶 속에 주님의 은혜와 사랑이 머물기 원합니다.
하나님의 보호하심이 없으면
하루 한순간도 온전한 삶을 살 수 없으니
전능하신 주님께서 인도하소서.
하나님은 천지만물을 창조하시고
모든 동물과 모든 나무와,
새와 나비는 물론 작은 곤충까지도
사랑하시고 보호하시고 인도하심을 믿습니다.
우리 자녀들도 눈동자같이 보호하시고
함께하셔서 이 땅에서 살아가기에

부족함이 없게 하옵소서.
나약해지거나 뒤처져서 살아가는 것이 아니라
언제나 최선을 다함으로 비굴하지 않도록 하소서.
자녀들의 믿음이 날마다 더욱더
강해지고 담대해지기를 원합니다.
주님의 손길로 어루만져주시고
용기를 허락해 주소서.
우리 주 예수 그리스도의 이름으로 기도합니다.
아멘!

어리석은 자는 조금만 따뜻해져도 오래도록 입고 있던 겨울 옷을 벗어던진다. 행복의 먼동이 틀 때야말로 불행했을 때의 좋은 벗을 잊어서는 안 된다. 빌헬름 뮐러

주님의 사랑과 희망을 주소서

누구든지 그의 말씀을 지키는 자는 하나님의 사랑이 참으로 그 속에서 온전케 되었나니 이로써 우리가 저 안에 있는 줄을 아노라 저 안에 거한다 하는 자는 그의 행하시는 대로 자기도 행할지니라 요한일서 2:5-6

구원의 자리에 우리를 초청하신 주님!
우리 자녀들이 주님께 기도함으로
주님이 주시는 기쁨과 평안을 누리기 원합니다.
지상의 어떤 것과도 비교할 수 없는
주님의 사랑과 희망을 우리 자녀들에게 주소서.
말씀 안에서 말씀을 지키며 살아
하나님의 사랑 안에 거하게 하셔서
주님의 뜻을 이루어가기 원합니다.
주님께서 주시는 사랑과 희망 속에서
우리 자녀들이 잘 성장하게 하옵소서.
두려움 속에서 약해지지 않고
믿음으로 모든 것을 극복하게 하소서.

폭력과 범죄로부터 보호하여 주시고
악한 환경에 수시로 노출되는 아이들을 인도하옵소서.
주님께서 아이들에게
가지신 선하신 목적을 이루어주소서.
기도를 통하여 소원을 이루게 하시고
주님의 도우심과 위로를 받게 하소서.
우리 아이들이 주님을 높이게 하셔서
주님께 존귀하게 쓰임 받게 하소서.
우리 주 예수 그리스도의 이름으로 기도합니다.
아멘!

조심성 있는 혀는 최대의 보물이며 사리 판단할 줄 아는 혀는 최대의 기쁨이다. 헤시오도스

자녀들이 하나님을
온전히 경외하게 하소서

너의 행사를 여호와께 맡기라 그리하면 너의 경영하는 것이 이루리라
잠언 16:3

사랑의 주님!
우리 자녀들이 하나님을 온전히 경외하므로
날마다 삶이 새롭게 하소서.
일상 생활 속에서도 주님을 만나며
아픔이 올 때, 기쁨이 올 때도
언제나 주님만을 위로하게 하소서.
영적인 삶을 통하여 새롭게 변화되게 하소서.
삶에 행복을 느끼지 못할 때
삶에 만족을 느끼지 못할 때
삶에 평안이 없을 때도
하나님을 경외함으로
성령의 인도하심을 받게 하소서.

정직함으로 주님 앞에 바로 서게 하시고
믿음으로 용기 있게 살아 절망에서 벗어나게 하소서.
우리 자녀가 주님의 은혜로 여유를 가지게 하시고
분주하고 바쁜 일들 앞에서
기도와 말씀으로 무장하여 영적인 변화를 받게 하소서.
성령의 은혜로 기도하는 삶을 살게 하시고
하나님을 경외함으로
날마다 새로운 은혜를 누리게 하소서.
우리 주 예수 그리스도의 이름으로 기도합니다.
아멘!

기도할 때 명심할 것은 응답이 내리기 전까지 결코 물러나지 않는 일이다. 조지 뮬러

내가 너로 큰 민족을 이루고
네게 복을 주어 네 이름을 창대케 하리니
너는 복의 근원이 될지라

창세기 12:2

5 성령 충만으로 열매 맺는 삶을 주소서

우리 자녀가 최선의 결과를
맺기 원할 때 드리는 엄마의 기도

두 손 모아 주님께 기도를

두 손 모아 주님께 기도를 드립니다
나약한 저에게
강하고 담대한 믿음 주시기를
마음속의 간절한
소망을 이루어주시기를

두 손 모아 주님께 기도드리면
앞으로의 삶에 주님께서
얼마나 놀라운 일들을 펼쳐 보이실까
기대를 하며 살아갑니다

늘 주님 안에서
갑자기 찾아온 난관과 어려움 속에서도
그늘 없이 웃고 살아가는 사람들
거짓 없고 꾸밈없는 마음들
모두가 주님의 일에
최선을 다하는 삶이 아름답습니다

두 손 모아 기도를 드립니다
앞으로 날마다 때마다 순간마다
주님의 은총이 가득하기를
주님의 사랑이 가득하기를
주님의 이름으로 축복하고만 싶습니다

- 용혜원 -

기도함으로
삶의 열매가 익어가게 하소서

> 아무 것도 염려하지 말고 오직 모든 일에 기도와 간구로 너희 구할 것을 하나님께 아뢰라 그리하면 모든 지각에 뛰어난 하나님의 평강이 그리스도 예수 안에서 너희 마음과 생각을 지키시리라 **빌립보서 4:6-7**

우리가 간절히 찾으면 만나주시겠다고 하신 주님!
늘 신실하심으로 인도하시는 주님께
우리의 모든 것을 기도로 아뢰기 원합니다.
우리 자녀들이 굳건한 믿음의 기도로
삶의 열매가 맺히는 그리스도인이 되게 하소서.
주님의 은혜 안에서 죄를 떠나고
죄로부터의 승리와 자신감 속에
강하고 담대한 믿음으로 살게 하소서.
주님께 우리 속에 있는 모든 것을 정직히 드러내어
주님의 인도하심을 받게 하소서.
우리 자녀들이 기도로
마음속에 얽혀 있던 것들을 잘 풀어감으로

응답받고 변화받기를 원합니다.
죄의 더러운 것과 괴로운 것,
쓰레기와 같은 모든 것들을 다 털어놓게 하소서.
우리와 우리 자녀들의 마음이 진실하고 정직하게 하시고
기도함으로 죄에서 벗어나 주님이 주시는 사랑으로
날마다 열매 맺게 하소서.
우리 주 예수 그리스도의 이름으로 기도합니다.
아멘!

지혜로운 자는 천 번의 생각 중에 반드시 한 번의 실수가 있고, 어리석은 자는 천 번의 생각 중에 반드시 한 번의 이득이 있다. 사마천

사랑의 열매를 풍성히 맺게 하소서

오직 성령의 열매는 사랑과…… 갈라디아서 5:22

성령의 은혜로 깊은 뜻을 알게 하시는 주님!
사랑은 그리스도인들의 믿음의 가장 본질적인 산물이며
그리스도인의 아름다운 삶의 모습이오니
우리 자녀들이 성령의 인도하심으로
사랑의 열매를 풍성하게 맺으면서 살게 하소서.
하나님은 사랑이시니 우리 자녀들에게
이성 간의 사랑인 에로스의 사랑에도 함께하여 주시고
필리아의 사랑인 친구와 친한 사람들의
사랑에도 함께하여 주시기를 원합니다.
스토르게의 사랑인 부모와 자식 간의 사랑에도 함께하시고
아가페의 사랑인 하나님의 자비로우신 사랑으로
우리 자녀들을 사랑하여 주시기를 원합니다.

사랑은 감정적이며 의지적이오니
오직 하나님의 도우심으로 진실한 사랑을 하게 하옵소서.
사랑을 받은 사람만이 사랑을 할 수 있으니
우리 자녀들이 부모의 사랑과 하나님의 사랑을 흠뻑 받아
하나님과 가족과 친구와 이웃을 사랑하며 나누며
주 안에서 함께 살아가게 하소서.
우리와 우리 자녀들의 마음에 사랑이 없으면
아무것도 할 수 없으니 사랑으로 함께하여 주소서.
우리 주 예수 그리스도의 이름으로 기도합니다.
아멘!

때를 놓치지 말라! 이 말은 인간에게 주어진 영원한 교훈이다. 그러나 인간은 이것을 그리 대단치 않게 여기기 때문에 좋은 기회가 와도 그것을 잡을 줄 모르고 때가 오지 않는다고 불평만 한다. 하지만 때는 누구에게나 오는 것이다. 앤드루 카네기

희락의 열매를 맺게 하소서

> 오직 성령의 열매는 사랑과 희락과…… 갈라디아서 5:22

우리에게 기쁨을 주시고 몸소 기쁨이 되시는 주님!
기쁨은 그리스도인에게 비추는 빛과 같으니
우리 자녀들이 하나님의 은혜 안에서
희락의 열매를 맺게 하옵소서.
하나님이 주시는 기쁨을 마음껏 누리고
신앙의 밑바탕이 된 그 기쁨을
다른 이들에게도 나누게 하소서.
하나님께서 주시는 기쁨이
우리 자녀들의 마음에 흘러넘쳐
날마다 기쁨 가운데 살아가게 하소서.
기쁨으로 일을 하면 힘들지 않사오니
우리 자녀들이 학업을 연마하거나 생활할 때

기쁨이 넘치게 하소서.
그리하여 하나님이 주시는 축복으로
늘 밝은 얼굴과 맑은 영혼으로 살게 하옵소서.
무엇보다 우리가 누려야 할 가장 큰 기쁨은
구원받은 기쁨이오니
이 놀라운 구원의 기쁨을 온 마음으로 느끼며
날마다 감사하며 맡겨진 일에 최선을 다하며 살게 하소서.
우리 주 예수 그리스도의 이름으로 기도합니다.
아멘!

시간은 지나가면 두 번 다시 오지 않는다. 시간은 매일 찾아오긴 하지만 얻기는 매우 어렵고 반대로 잃기는 쉽다. 사마천

화평의 열매를 맺게 하소서

오직 성령의 열매는 사랑과 희락과 화평과…… **갈라디아서 5:22**

우리의 삶에 화평을 주시는 주님!
우리 자녀들이 주님의 품안에서
주시는 화평과 축복 속에서 살아가게 하시며
화평의 열매를 맺게 되기를 원합니다.
하나님이 원하시는 최고의 선한 삶을 살게 하시고
늘 주님이 주시는 평온함과 안온함 속에 살게 하옵소서.
주님이 주시는 이 놀라운 화평의 복음을 전하여
가족과 이웃과 함께 나누며 살게 하소서.
우리 자녀들이 가족과 친구와 이웃의 마음을
헤아릴 줄 알아서 화평을 전하게 하소서.
다른 사람들의 마음에 상처를 입혀
기분을 망치게 하거나

당황하게 만드는 일이 없게 하소서.
주님이 주시는 평안의 복음을 온전히 믿게 하시고
주님의 사랑을 함께 나누며 살게 하소서.
우리 자녀들이 주님 안에서 쉼을 얻으므로
주님이 주시는 참평안을 누리게 하소서.
우리 주 예수 그리스도의 이름으로 기도합니다.
아멘!

시간의 흐름이 빠르다고 생각하는 것은 인생을 알게 되었기 때문이다. 기싱

자비의 열매를 맺게 하소서

> 오직 성령의 열매는 사랑과 희락과 화평과 오래 참음과 자비와…… 갈라디아서 5:22

우리에게 항상 인자하시고 자비로우신 주님!
우리 자녀들이 주님의 마음을 닮아
자비의 열매를 풍성히 맺으면서 살아가게 하소서.
우리 자녀들의 삶이 주님의 사랑으로
맛깔나고 풍성하기를 원합니다.
그래서 우리 아이들이 허황된 삶이 아니라
진실하고 선하며 정감이 있는
따뜻한 삶을 살게 하소서.
남을 이해하고 용서하며 사랑을 베풀어서
자기에게 있는 것을 남에게 흘려 보내게 하소서.
너무나 성급하여 화를 내기보다는
차분한 마음으로 남의 마음을 읽을 수 있도록 하소서.

우리 자녀들이 오래 참고 기다리며 끝내 구원까지 하시는
주님의 마음을 닮게 하소서.
어떤 일 앞에서건 근심과 걱정부터 하기보다는
모든 것을 주님께 맡기므로 은혜 속에 살게 하소서.
유순한 마음으로 살아 주님의 자비하심을
체험하며 나타내기를 원합니다.
남이 필요한 것을 잘 알아 도움을 줄 수 있는
주님의 자비의 마음을 주옵소서.
우리 주 예수 그리스도의 이름으로 기도합니다.
아멘!

시간을 얻는 자는 흥하고 시간을 놓치는 자는 망한다. 열자

양선의 열매를 맺게 하소서

> 오직 성령의 열매는 사랑과 희락과 오래 참음과 자비와 양선과…… 갈라디아서 5:22

양떼를 인도하시는 선하신 목자, 주님!
주님의 선하심을 본받아
선을 행하며 살기를 원합니다.
사랑하는 사람들을 염려하게 하거나
걱정과 근심하게 만드는 일로
재미를 느끼지 않게 하시고
사랑하는 사람들을 실망시키지 않게 하소서.
남을 넘어뜨리고, 모함하고, 비판하며,
악을 행하여도 성공만 하면 된다는 사고를 버리게 하소서.
우리 자녀들이 악을 버리게 하시고
주님이 원하시는 양선의 삶을 살게 하소서.
슬픈 사람을 위로하게 하시고

절망에 빠진 사람들을 격려하게 하시며
연약한 사람들을 도와주게 하소서.
잃어버린 양떼를 찾으시는 선한 목자가 되시는
주님처럼 사랑을 베풀기 원합니다.
늘 선하신 주님을 갈망하며 살아가게 하시고
선하신 주님의 모습을 닮아
삶 속에서 우리 자녀들이 양선의 열매를 맺게 하소서.
우리 주 예수 그리스도의 이름으로 기도합니다.
아멘!

오늘 할 수 있는 일을 내일로 미루지 말라. 자기가 할 수 있는 일을 남에게 미루지 말라. 싸다고 해서 필요치 않은 물건을 사지 말라. 지나침 없이 알맞게 행동하면 후회하는 일이 없다. 토머스 제퍼슨

충성의 열매를 맺게 하소서

오직 성령의 열매는 사랑과 희락과 화평과 오래 참음과 자비와 양선과
충성과······ 갈라디아서 5:22

죽도록 충성하면 생명의 면류관을 주신다고 하신 주님!
우리 자녀들이 주님을 온전히 신뢰하므로
충성의 열매를 맺게 하여 주옵소서.
맡은 바 사명을 잘 감당하게 하시고
공부할 때는 공부를, 일할 때는 일을,
꿈을 이루어갈 때는 꿈을, 봉사할 때는 봉사를
온 마음과 온 정성을 다함으로써
최선의 결과를 갖게 하소서.
먼저 해야 할 일이 무엇인가를 알게 하시고
항상 주님의 나라와 그의 의를 구하게 하옵소서.
자신들에게 맡겨진 일을 잘 감당할 수 있도록
통찰력과 용기와 지혜와 인내와

강한 믿음을 주시기 원합니다.
우리 자녀들의 생각과 모든 것을 아시는 주님께서
이끄시는 대로 우리 자녀들이 맡겨주신 일들을
즐겁게 감당하여 충성의 열매를 맺게 하여 주소서.
학교에서, 가정에서, 교회에서, 사회에서, 직장에서
그 어느 곳에서나 맡은 일에 최선을 다하여
주님께 칭찬받는 자녀가 되게 하소서.
우리 주 예수 그리스도의 이름으로 기도합니다.
아멘!

당신이 생명을 사랑한다면 시간을 낭비하지 말라! 시간이야말로 생명을 만드는 재료이다. 벤저민 프랭클린

온유의 열매를 맺게 하소서

오직 성령의 열매는 사랑과 희락과 오래 참음과 자비와 양선과 충성과
온유와…… 갈라디아서 5:22

기도로 열매 맺는 삶을 허락하시는 주님!
살아가는 동안 주님과 항상 동행하게 하소서.
우리 아이들이 삶 속에서
온유의 열매를 맺어 주님의 뜻을 따라 순종하게 하소서.
주님의 가르침을 배워 교만하지 않게 하시며
주님의 말씀을 따라 사려 깊은 삶을 살게 하소서.
사랑의 주님께서 우리 자녀들에게
온유의 열매를 맺을 수 있도록
말씀의 지혜를 주시고
충만한 사랑을 받게 하소서.
우리 아이들을 능력의 손길 아래 붙드셔서
마음이 온유하고 겸손하신

주님의 성품을 닮아가게 인도하소서.
온유한 마음으로 사람들을 대하게 하사
정겨움을 주는 사람, 따스함을 주는 사람으로
삶을 살아가기 원합니다.
오늘도 절망에 빠진 사람들을 인도하는 일에
우리와 우리 자녀들도 동참하게 하옵소서.
우리 주 예수 그리스도의 이름으로 기도합니다.
아멘!

시간은 잠시도 쉬지 않는다. 때문에 설혹 늦었다고 주춤하거나 시간을 흘려보내지 말라. 그럴수록 시간은 자꾸만 흘러간다. M. 레니에

절제의 열매를 맺게 하소서

오직 성령의 열매는 사랑과 희락과 화평과 오래 참음과 자비와 양선과
충성과 온유와 절제니…… 갈라디아서 5:22

오늘도 새롭게 하루를 시작하게 하시는 주님!
주님이 함께하여 주셔서
절제의 열매를 맺으며 살아가길 원합니다.
육체적 정신적 욕망을 절제하며
극복할 수 있는 믿음을 주시기 원합니다.
기도와 말씀으로 몸과 마음을 단련하게 하시고
날마다 새로운 태도를 다짐하게 하소서.
우리 자녀들이 예수님을 구주로 믿어
주님과 함께 죽고 함께 살아
새롭고 변화된 심령이 되게 하옵소서.
옛 성품이 좋아하던 악한 일들에서 벗어나
성령의 인도하심을 따라

성령의 아름다운 열매를 맺으며 살아가게 하소서.
탐스럽고 알찬 열매를 맺어
풍성함으로 주님께 영광을 돌리게 하소서.
우리 자녀들에게 주님께서 능력을 베풀어주셔서
삶 속에서 절제의 열매가 맺히게 하시고
주님이 보시기에 아름다운 삶을 살아가게 하옵소서.
우리 주 예수 그리스도의 이름으로 기도합니다.
아멘!

만일 하루를 헛되이 보냈다면 그것은 커다란 손실이다. 하루를 유익하게 보낸 사람은 하루의 보물을 파낸 것이다. 하루를 헛되어 소모함은 내 몸을 소모하고 있다는 것을 알아야 한다. 앙리 프레데리크 아미엘

성령의 열매를 맺는 삶을 살게 하소서

오직 성령의 열매는 사랑과 희락과 화평과 오래 참음과 자비와 양선과 충성과 온유와 절제니 이 같은 것을 금지할 법이 없느니라 갈라디아서 5:22-23

주님은 포도나무요 우리는 가지라고 하신 주님!
우리 자녀들의 삶이
성령의 열매를 맺는 삶이 되게 하소서.
포도나무도 잎이 없고 열매가 없을 때에는
보잘것없이 보이다가
열매 맺는 계절이 오면
가지가지마다 열매가 주렁주렁 매달려 있듯이
우리 자녀들도 성장해 가면서
성령의 열매를 맺게 하소서.
자녀들의 삶이 주님이 보시기에 아름답게 하시고
주님께 잘했다 칭찬을 받는 삶이 되게 하소서.
자녀들의 삶에서 성령의 아홉 가지 열매를 맺게 하소서.

사랑의 열매, 희락의 열매,
화평의 열매, 오래 참음의 열매, 자비의 열매,
양선의 열매, 충성의 열매, 온유의 열매,
절제의 열매를 맺게 도와주시기 원합니다.
열매가 없는 나무는 주님이 기뻐하시지 아니하시니
성장함에 따라 성령의 열매를 맺게 하소서.
우리 자녀들을 주님 안에서
잘 성장하게 도와주심을 믿습니다.
우리 주 예수 그리스도의 이름으로 기도합니다.
아멘!

세월은 누구에게나 평등하게 주어진 자본금이다. 이것을 잘 이용한 사람에겐 승리가 온다. 아뷰난드

감사의 열매를 맺게 하소서

여호와께서 저희를 도와 건지시되 악인에게서 건져 구원하심은 그를 의지한 연고로다 시편 37:40

기도를 통하여 기쁨을 주시는 주님!
우리 자녀들이 살아가며 주님의 행복 안에서
감사의 열매를 맺게 하소서.
마음이 성결하고 깨끗하여
하나님이 베푸신 은혜와 사랑을 깨닫게 하소서.
우리 자녀들이
주님이 힘이 되어주심을 감사하게 하소서.
우리 자녀들이
힘이 되어주는 사람들이 곁에 있음을 감사하게 하소서.
우리 자녀들이
구원받았음을 감사하게 하소서.
우리 자녀들이

할 일을 허락하여 주심을 감사하게 하소서.
우리 자녀들이
꿈과 비전을 주심을 감사하게 하소서.
우리 자녀들이
참된 사랑을 보여주신 주님께 감사드리게 하소서.
우리 자녀들이
모든 삶을 인도하여 주신 주님께 영광 돌리게 하소서.
우리 주 예수 그리스도의 이름으로 기도합니다.
아멘!

최후의 승리는 출발점의 비약이 아니라 결승점에 이르기까지의 끈기와 노력이다.
존 워너메이커

찬양의 열매를 맺게 하소서

내가 노래로 하나님의 이름을 찬송하며 감사하므로 하나님을 광대하시다 하리니 이것이 소 곧 뿔과 굽이 있는 황소를 드림보다 여호와를 더욱 기쁘시게 함이 될 것이라 시편 69:30-31

찬송과 감사를 받아주시는 하나님!
하나님은 우리의 찬송을 귀히 여기시니
우리의 마음이 진정 하나님께 감사하며
찬송드리기에 힘쓰기 원합니다.
하나님은 어떤 제물보다도 찬송을 기쁘게 받으시니
우리 자녀들이 입술로 삶으로 하나님을 찬양하며
찬양의 열매를 맺게 하옵소서.
가정에서 자녀들과 예배를 드릴 때에도
찬송으로 하나님께 영광을 돌리게 하소서.
찬송이 우리 자녀들에게
하늘의 기쁨과 소망이 되게 하소서.
찬송의 능력으로

두려움과 어려움에서 벗어나게 하소서.
찬송을 통해 우리 자녀들의
영혼을 깨우고 위로해 주시며
온갖 병에서 벗어나 건강하게 해주소서.
날마다 기쁨과 은혜가 충만하게 하시며
날마다 강한 믿음으로 승리하게 하소서.
우리 주 예수 그리스도의 이름으로 기도합니다.
아멘!

성공을 하려거든 남을 밀어젖히지 말고 또 자기 힘을 측량해서 무리하지 말며 자기가 뜻한 일에는 한 눈 팔지 말고 묵묵히 해나가야 한다. 평범하나마 이것이 곧 성공의 지름길이다. 벤저민 프랭클린

소망의 열매를 맺게 하소서

> 보좌에 앉으신 이가 가라사대 보라 내가 만물을 새롭게 하노라 요한계시록 21:5

소망을 주시고 기쁨을 주시는 주님!
새 하늘과 새 땅을 소유할 수 있는 사람은
오직 심령으로 새롭게 되어 하나님을 따라
의와 진리의 거룩함으로 지으심을 입은
새 사람인 것에 감사드립니다.
우리 자녀들을 새롭게 하셔서
믿음과 생활이 조화되게 하시고
행복을 주시는 주님 안에서 소망의 열매를 맺게 하옵소서.
소망이 분명하면 희망이 생기고
기쁨이 충만해지고 감사가 넘치게 되오니
소망 중에 주님의 뜻을 깨달아 행하게 하옵소서.
자녀들이 이 땅의 소망이 아닌

하늘의 소망이 되기를 원합니다.
예수 그리스도를 이 땅에 보내주셔서
십자가에 죽으심으로
영원한 생명을 얻을 수 있는 길을 열어놓으신
구원의 소망으로 가득하게 하소서.
천국에 소망을 갖게 하소서.
날마다 하나님의 의와 진리와 거룩함으로
지으심을 받은 새 사람으로 살게 하소서.
우리 주 예수 그리스도의 이름으로 기도합니다.
아멘!

사람은 성실할수록 자신을 얻게 된다. 성실해질수록 태도가 안정되기 때문이다. 성실하면 할수록 자신을 자각하게 된다. 하늘과 땅 앞에 자기가 엄연히 존재한다는 관념은 성실할 때 비로소 얻어지는 자각이다. 아우구스티누스

자녀들에게
일하는 기쁨을 주소서

주 우리 하나님의 은총을 우리에게 임하게 하사 우리 손의 행사를 우리에게 견고케 하소서 우리 손의 행사를 견고케 하소서 시편 90:17

모든 씨앗을 심고 거두시는 하나님!
우리 자녀들이 자신들에게 맡겨진 일들을
어려서부터 잘 감당하며 살게 하소서.
일하는 노동과 수고의 기쁨을 주시기 원합니다.
일을 할 때 노력하지 않거나 게으르지 않게 하시고
결과만을 원하지 않게 하소서.
너무 서둘러 해치우려는 마음이 없게 하시고
차근차근 최선을 다한 보람으로
기쁨을 누리게 하시기를 원합니다.
우리 자녀들이 하나님이 지켜보시고 계시다는 것을 알아
언제나 성의를 다하여 일하게 하옵소서.
하나님께서 정직하고 진실한 자들을 사랑하시고

돌보시며 축복하신다는 것을 믿습니다.
우리 자녀들이 모든 일에 열심을 다하여서
하나님 앞에 좋은 일꾼, 좋은 봉사자로
그리스도인답게 어디서든 인정을 받게 하소서.
일하는 것이 부끄러움이 되지 않게 하시고
자랑이 되게 하셔서 일한 결과가 빛을 발하고
열매를 맺게 되기 원합니다.
모든 일에 최선을 다하고 진실하게 하소서.
우리 주 예수 그리스도의 이름으로 기도합니다.
아멘!

많은 시간을 가진 사람이라도 헛되이 낭비하면 좋은 시간은 조금도 없게 된다. 영국 격언

믿음으로 심고 거두게 하소서

스스로 속이지 말라 하나님은 만홀히 여김을 받지 아니하시나니 사람이 무엇으로 심든지 그대로 거두리라 갈라디아서 6:7

우리들 삶의 위대한 연출가이신 하나님!
우리 자녀들이 하나님과 바른 관계를 가져
믿음으로 심고, 심음으로 거두기를 원합니다.
육체로 심지 않고 성령으로 심어
영생을 거두게 하소서.
우리 자녀들에게 성령 충만함과 하나님의 사랑으로
외적인 변화가 아니라 내적인 변화가 일어나게 하소서.
우리 자녀들의 신앙이 불신하는 신앙이 아니라
온전히 맡기고 신뢰하는 신앙이 되게 하소서.
언제나 그의 나라와 그의 의를 구하므로 모든 것을
더하여 주시는 하나님의 능력을 체험하게 하소서.
우리 자녀들이 하나님께서 우리에게 있어야 할 것을

우리보다 더 정확하게 알고 계심을 믿고
신앙이 더욱더 성숙하기를 원합니다.
믿음대로 거두고 행한 대로 갚으신다고 하셨으니
믿음으로 살게 하옵소서.
우리에게 항상 좋은 것을 주시는 하나님의 인도하심을 받으며
순간순간마다 순종하며 살기를 원합니다.
심은 것을 거둘 때마다 감사하게 하시고
자녀들이 온전히 하나님을 경외하게 하옵소서.
우리 주 예수 그리스도의 이름으로 기도합니다.
아멘!

만족하게 살고, 때때로 웃으며, 많이 사랑한 사람이 성공했다. A. J. 스탠리 부인

언제나 최선을 다하는 삶을 살게 하소서

그리고 맡은 자들에게 구할 것은 충성이니라 고린도전서 4:2

우리의 죄를 씻으사 정결하게 하시는 주님!
주님이 원하시는 일에
최선을 다하며 전념하게 하옵소서.
자신의 부족을 인식하며 노력하여
개혁해 나가는 믿음과 힘을 주시기 원합니다.
우리 자녀들이 모든 것에 부족하고 연약하더라도
출발함으로 점점 익숙해져가는 기쁨을 알게 하소서.
우리 자녀들이 하고자 하는 일에 흥미를 갖게 하시고
의욕이 자연스럽게 흘러나오게 하소서.
꼼꼼하게 모든 일을 살피는 습관이 있어서
사소하고 작은 실수 때문에
실패하는 일이 반복되지 않게 하소서.

좋은 아이디어가 떠오르면 잘 사용하여
참 좋은 열매를 맺게 되기 원합니다.
우리 자녀들이 모든 지혜를 동원하여
모든 일에 순서를 잘 정하여 중요한 것부터
처리해 나가는 습관을 갖게 하옵소서.
우리 자녀들이 언제나 할 수 있다는 믿음을 가지고
하고자 하는 일에 집중하여 최선을 다하게 하소서.
우리 주 예수 그리스도의 이름으로 기도합니다.
아멘!

존경하기 때문에 존경을 받을 수 있다. 랠프 W. 에머슨

하나님이 원하시는
생명의 길로 가게 하소서

어떤 길은 사람의 보기에 바르나 필경은 사망의 길이니라 **잠언 14:12**

생명의 길이 되시는 주님!
참으로 복잡하고 힘든 이 세상에서
우리 자녀들이 바른 길을 선택하게 하소서.
생명의 길, 구원의 길이 되시는
주님께로 날마다 나아가기를 원합니다.
우리 자녀들을 주님의 품안에 꼭 안아주시고
영육간에 강건함을 주사
길을 잃거나 헤매지 않게 하소서.
자신의 연약함을 깨닫게 될 때
자신의 부족함을 깨닫게 될 때
기도함으로 길 되시는 주님의 인도를 받게 하소서.
성경이 우리 자녀들을 생명 길로 이끄는

나침반이 되게 하여 주시고
성경이 우리 자녀들의 지도가 되게 하소서.
늘 주어진 일에 감사하면서 살게 하시고
하나님께서 주시는 내일을 향한 비전이 가득하게 하사
기대감을 갖고 살게 하소서.
기도를 통하여 길 되신 주님을 따라 살게 하소서.
우리 주 예수 그리스도의 이름으로 기도합니다.
아멘!

우리 자신이 품고 있는 자신감이 다른 사람에 대한 신용을 싹트게 한다. 라로슈푸코

하나님이 주시는
복의 근원이 되게 하소서

내가 너로 큰 민족을 이루고 네게 복을 주어 네 이름을 창대케 하리니 너는 복의 근원이 될지라 **창세기 12:2**

우리에게 축복을 누리게 하시는 하나님!
우리의 삶에 열매 맺기를 원하시는
하나님의 인도하심을 바라봅니다.
나무들이 열매를 맺을 때 풍성함이 있고
다시 새롭게 태어나기 위한 씨앗을 남길 수 있음을 압니다.
나무에 열매가 맺히면 가꾸는 농부도 기뻐하오니
우리와 우리 아이들도 주님께서 주시는 복을 따라
열매 맺는 삶을 살게 하소서.
우리 자녀들의 삶이 하나님 안에서
만복의 근원이 되게 하시고
그 축복을 누리며 살게 하소서.
아이들이 삶에서 합당한 열매를 맺어

축복을 누리게 하소서.
우리 아이들이 받은 축복을 이웃과 나누게 하시고
주님이 보시기에 아름다운 삶을 살게 하소서.
육체적인 욕심에 이끌린 삶이 아니라
성령의 열매를 맺으며 살게 하소서.
우리 아이들이 하나님이 주시는 축복을
크고 넓고 깊게 마음껏 누리며 영광을 돌리기 원합니다.
우리 주 예수 그리스도의 이름으로 기도합니다.
아멘!

하늘이 치유할 수 없는 슬픔은 이 세상에 존재하지 않는다. 토머스 모어

날마다 기도로 시작하고 기도로 마치게 하소서

나는 의로운 중에 주의 얼굴을 보리니 깰 때에 주의 형상으로 만족하리이다 시편 17:15

우리의 기도를 들으시고 응답하시는 하나님!
우리 자녀들이 아침에 깨어나서
가장 먼저 편안한 휴식을 주신 하나님께
감사의 기도로 하루를 시작하게 하소서.
기도를 통하여
어떻게 행할 것인가 인도하심을 받게 하소서.
우리 자녀들의 기도가 자기 연민이나
이기심에 사로잡혀서 헛된 것을 구하지 않고
어떤 어려운 일이 있더라도 주님께서 함께하시고
인도하심을 확신하며 따르기 원합니다.
우리 자녀들이 아침과 저녁으로 드리는 기도가
하나님의 뜻에 합당하길 원하며

매일 더욱 깊은 기도를 경험케 하옵소서.
하루 동안의 삶에도 하나님의 뜻을 따를 수 있는
지혜를 구하게 하시고 죄와 허물이 있으면
용서와 긍휼을 간구하게 하소서.
나라와 민족과 교회와 가족과 친구들을 위하여
날마다 기도하게 하소서.
우리 주 예수 그리스도의 이름으로 기도합니다.
아멘!

사랑을 하고 또 사랑을 잃는 것은 한 번도 사랑을 하지 않은 것보다 낫다. 앨프리드 테니슨

자녀를 행복한 성공으로 이끄는

엄마의 기도

초판 1쇄 발행 2010년 12월 30일
초판 3쇄 발행 2014년 11월 7일

글 | 용혜원
펴낸이 | 한순 이희섭
펴낸곳 | 나무생각
편집 | 양미애 양예주
디자인 | 김서영
마케팅 | 박용상 이재석
출판등록 | 1998년 4월 14일 제13-529호
주소 | 서울특별시 마포구 월드컵로 70-4(서교동) 1F
전화 | (02) 334-3339, 3308, 3361
팩스 | (02) 334-3318
이메일 | tree3339@hanmail.net
홈페이지 | www.namubook.co.kr

ISBN 978-89-5937-226-3   03230

값은 뒤표지에 있습니다.
잘못된 책은 바꿔 드립니다.